想生一個

獨生子女都自私又任性？

獨生子女都被父母寵壞？

獨生子女抗壓性都很低？

獨生子女不會跟人相處？

1+1等於1，也很好

孩子性格的養成源於教育，拋開負面刻板印象吧！

孫桂菲，趙建，鄒舟——著

目錄

目錄

第四章 不要做孩子的奴隸，也不要讓孩子做自己的奴隸

目錄

前言

獨生子女可以將父母的壓力與負擔降到最小，但是如何教育獨生子女，卻讓眾多年輕父母頭痛不已。

獨生子女比起非獨生子女來說，有著明顯的優點，美國加州心理學家們研究發現：獨生子女比非獨生子女更聰明、更有創造力，也顯得更有教養、更成熟。

在這方面，有一個典型的例子。美國前國務卿萊斯就是一個獨生女，萊斯十五歲時就跳級進入了丹佛大學就讀政治系，二十七歲時就已經在史丹佛大學教書了。萊斯會說多國語言，音樂天賦也很高，曾經和著名的演奏家馬友友一起演奏過布拉姆斯，在全美引起轟動。

當然，比起獨生子女的優點，獨生子女的缺點也較為明顯。很多父母都搞不明白，為什麼在獨生子女身上會出現那麼多的問題，諸如懦弱、孤僻、自私、依賴、驕傲……等等性格缺陷常在獨生子女身上表現的尤為突出。

這是什麼原因造成的呢？並不是獨生子女先天就具有這些性格缺陷，主要責任還是在於父母的教育。

獨生子女一般都是家庭的重心所在，父母和長輩大多將其視為掌上明珠般的呵護備至，過分的關愛轉化成了溺愛，使得孩子成為家裡的小皇帝、小公主。在這種情況下，孩子便很容易在不知不覺中形成以上所說的性格缺陷。

另一方面，現代的年輕父母往往工作繁重，和孩子在一起的時間比較少，儘管，這並不妨礙他們對孩子的關愛，但卻使得他們對孩子的教育流於簡單粗暴。

獨生子女的先天優勢和劣勢是明顯的，能否成才，得看父母如何教育。對於獨生子女的父母來說，不管自己的工作有多忙，都要抽出一點時間用心教育孩子，塑造他們優秀的品格，挖掘他們的潛能，要掌握教育的方法，萬不可用放任不管或者簡單粗暴的方式對待孩子，對於獨生子女，絕對不能過分的溺愛，要讓他們知道：這個世界並不是為他一個人而存在的，不是他想要什麼就能得到什麼。

教育畢竟是一門藝術和學問，要教好獨生子女，年輕的父母除了要在實踐中不斷摸索經驗，總結教訓以外，還需要一些有益的建議和指導。

而本書就是出於這個目的而精心編寫的一本教育著作，是獻給年輕父母的一份最美好的禮物。請在百忙之中抽出一點時間，閱讀本書，用心的揣摩和掌握書中的道理，並將其運用於教育實踐，相信對於年輕父母如何教育獨生子女會有建設性的幫助。

第一章 再忙，也不能忘了教育好孩子

一、忙不是忽略孩子的藉口

在現代都市，年輕父母們壓力越來越大，他們整天都在為生計而奔波，照顧孩子的時間越來越少。資料顯示：父母經常不與孩子交流、玩耍而造成的情感忽視是發生率最高的一種忽視形式，獨生子女成長過程中的感情需要被大部分現代父母忽視掉了。

家庭始終是孩子成長過程中的一個重要環節，父母對孩子的教育是老師或者別人所無法替代的。

有些父母因為工作忙、時間少，無暇顧及子女的教育，而對孩子的行為不加約束、順其自然；也有些父母因為貪圖個人享受，不想被孩子拖累，不願花時間和精力去教育孩子；還有些父母本身就對子女教育的重要性知之甚微，不然就是乾脆不聞不問，任其自生自滅。如此種種，都是將孩子推向不可自拔的深淵的做法。

忙並不能當作忽略孩子的藉口。即便父母可以把孩子交給保姆、老人照顧，但是誰也取代不了父母在孩子心目中的地位。每一個孩子都渴望得到父母的關愛，但父母卻總是因為各種的原因而沒辦法陪在他們身邊，結果到導致很多的孩子，在享受著優越的物質生活的同時。卻患有嚴重的「後天情感缺乏症」。

所謂「後天情感缺乏症」，是當代獨生子女最容易患上的心理疾病。除了上學時間，獨生子女在大多數情況下身邊是沒有同伴的，也缺乏兄弟姐妹之間的親情，這本來就很容易讓他們患上「後天情感缺乏症」，如果加上父母不能常在身邊陪伴，則會使症狀更為明顯和嚴重。

有一位職業婦女，在兒子兩歲的時候，她應徵到一家外資企業工作，兩年後她做到高階經理的職位，公司給她的待遇非常優渥。但就是在這種情況下，她卻突然做出一個令周圍所有人都難以理解的決定：放棄剛剛坐穩的高階經理的職位，選擇回家當家庭主婦。

為什麼她要這麼做呢？

她對自己的一位密友這樣說，她之所以做出這個決定，原因是為了自己的孩子。因為在外資企業工作，工作是極為繁忙的，加班和出差是家常便飯。她每天早上去上班，四歲的兒子便拉著她的衣服不讓她走。保姆告訴她，她加班的時候，孩子往往會等到她很晚才肯睡覺，而當她去外地出差的時候，兒子因為太思念她，便會在每天傍晚背著她的手提袋走到大門外，然後一邊叫著「媽媽回來了，媽媽回來了……」一邊走回家。又一次，兒子生病了，嘴裡不停的喊「媽媽……」，可是她卻因為在外地出差而不能趕回來陪伴，對此她一直覺得很內疚。「我不想因為不能在身邊陪伴他而導致終生後悔。」

此外，她還從幼稚園老師那裡了解到，兒子不服管教，經常和別的小朋友打架，而幼稚園老師認為，那恰恰就是缺乏母愛造成的，所以她決定辭職回家。「工作沒了可以再找，孩子卻只有一個。」

這位婦女或許算不上一個稱職的女強人，但不能否認，她的確一位非常稱職的好母親。話雖然這樣說，但作為獨生子女的父母，並非一定要辭職回家才能照顧、教育好孩子，我們強調的是，父母應該多花一些時間建構一個良好的親子氣氛，不能讓繁忙成為忽略孩子的藉口。

獨生子女的一個共通點就是害怕孤獨、渴求傾聽，渴望父母能成為自己的朋友，當他們的「孩子王」。因此，聰明的父母應該多與孩子交流，多傾聽孩子的心聲。即使再忙再累，在與孩子交流時，也千萬不能漫不經心，眼睛左顧右盼，手裡不時的翻動著書報，嘴裡不停的說著「我早就知道」。而應該保持微笑、熱情的看著說話的孩子，並常常表現出驚訝的樣子，讚嘆道：「真是這樣嗎？」、「我跟你想的一樣！」、「你的想法太好了，請繼續說！」、「你真棒！我簡直不敢相信！」以此來表示自己對孩子所說的話的興趣和愉悅，同時對孩子所提的問題進行熱情的指點，並及時為他們排憂解難。這樣孩子們便會認為你「夠朋友」、「了不起」，自然就樂於向你敞開心扉。所謂的「後天情感缺乏症」也自然會遠離他們而去。

在很多時候忙是可以取捨的，取重而捨次。什麼是重？很多父母都非常愛孩子，都希望孩子成才，孩子在他們心中是第一位，可是在現實生活中卻往往就不經意的把事業和其他的一些東西當成了重點，由此而忽略了孩子的教育，這實在是令人遺憾的行為。

二、不要把孩子當成你的出氣筒

父母為了生活，為了孩子的未來，努力工作，忙於各種日常事務，在這種情況下難免會產生不良情緒，而有些父母出於種種原因，往往就會把這種情緒發洩在孩子身上。如果你把孩子當成出氣筒，那就很可能會毀掉自己的一切教育成果，對孩子發脾氣是可厭和有失體面的。

有些父母常常用大嗓門跟孩子講話。一個小學生在報上發表了一篇題為《爸爸的「雷聲」》的作文，文中寫道：「別以為只有春天才會聽到雷聲，在我的家裡常常會聽到『雷聲』——那就是爸爸教訓我時的大嗓門。我從小就淘氣，不聽話，只要被爸爸知道了，他立即圓睜雙眼，『隆隆』的『雷聲』馬上就到，震得我不敢抬頭。我的眼淚就像夏日的大雨，『嘩嘩』下個不停，那時我最恨我的老爸，每天最擔心的也就是他的『雷聲』。我常常想，要是爸爸不打『雷』了，那該多好啊！」

再來看看一位老師遇到情況：

這天早晨，我負責同學們上早自習。班導師已把作業指定好了，我只是管理秩序，防止那些調皮鬼搗亂就好。

一開始，同學們挺安靜，但沒過一會兒就亂了套，聊天的聊天，笑的笑，有的竟然還唱起了歌。

我生氣的巡視課堂，發現說講最起勁的是班上最調皮的學生趙學東。

於是就走過去，對著他大叫道：「你別說了行不行？」

他吐了吐舌頭，笑著說：「不說了，不說了。」

但我一轉身，他又開始了他的「演講」，望著這混亂的局面，我只是無可奈何的嘆了口氣。

總不能這樣任其搗亂下去呀？焦急中我猛然想起了「殺一儆百」這一招。

對！我雖不能「殺」他，但一定要「儆」他。

於是我怒氣衝衝的走過去，喝道：「趙學東！你站起來！」

他卻好像沒聽見似的，沒吭聲，也沒動。

我又加大了嗓門：「你給我站起來！」

他見我急了，只好慢悠悠的站了起來。

這時，一個尖銳的聲音傳入我的耳朵：「管得倒挺寬！」我扭頭一看，氣得火冒三丈，說話的原來是趙學東的「好」朋友兼班上的體育股長王承亮。

他不疾不徐的說：「你那樣訓人，我們不服氣。」看到他傲慢的樣子，想到他身為班級幹部，不但不管趙學東，反而替他說話，我更加火冒三丈，嚴聲命令：「王承亮！你也站起來！」

王承亮臉朝屋頂，不理不睬。我忍無可忍的舉起棍子，打了他一下。這下他也火了，跳上課桌，擺出了決一雌雄的架式。

課堂上頓時安靜了下來，四十多雙眼睛一齊投向我們。就在這時，班導師來了，才算給我解了圍。

這位老師的做法在大多數人看來或許沒有什麼問題：學生不聽話，老師進行責罰，能有什麼錯呢？其實不然，再來看這樣一則故事：

有一個小孩子，不知道回聲是什麼東西。有一次，他獨自站在曠野，大聲叫道：「喂！喂！」

附近小山立即反射出回聲：「喂！喂！」他又叫「你是誰？」回聲傳來：「你是誰？」他又尖聲大叫：「你是蠢材！」立刻又從山上傳來「你是蠢材」的回聲。

孩子十分憤怒，向小山罵起來，然而，小山仍舊毫不客氣的回敬他。

孩子回家後對母親訴說，母親對他說：

「孩子呀，那是你做得不對。如果你恭恭敬敬的對它說話，它就會和和氣氣的對待你。」

孩子說：「我明天再去那裡說些好話，聽聽它的回答。」

「應該的。」他的母親說：「在生活裡，不論男女老幼，你對他好，他便對你好。正如以前有一個非常聰明的人所說的那樣：『溫柔的答話會消除憤怒。』如果我們自己粗魯，是絕不會得到人家友善相待的。」

上文中的老師如果看了這則故事應該會有一番感慨吧。試想，當時，他如果不是把憤怒發洩在學生身上，而是平心靜氣的先從自己的身上找問題，主動承擔責任，一個而不是向孩子發洩，那麼，結果肯定會好很多。

其實，作為父母也是同樣的，孩子犯錯誤是在所難免的，獨生子女更是會經常性的犯錯。作為父母，應該心平氣和的糾正他們的錯誤，而不是對著他們大吼大叫。因為那樣不但收不到良好的效果，還會造成孩子們的叛逆心理。

三、和你的孩子一起成長

在公車上，一位母親和孩子一起坐在一個座位上。這時，上來一位抱小孩的少婦，這個孩子很懂事，他站起來對那位少婦說：「阿姨，您坐我這裡。」沒想到，那位母親伸出手來，把孩子又按在了座位上。孩子不解的說：「我們老師說，要給抱小孩的人讓座的。」

這個事情讀起來讓人感慨不已。或許，那位母親也曾教育過孩子要守規矩、懂禮貌、助人為樂。但在實際行動中，她卻沒有給孩子做出好的榜樣，用行動去感染孩子。

事實上，現在很多獨生子女的父母在教導子女方面已進入了一個盲點，那就是：重於言傳，不去身教；只要求孩子怎樣，卻一點也不懂得自律。父母是孩子的第一任教師甚至是孩子的終身教師，孩子在很多方面都會向父母看齊，所以父母一定要嚴格要求自己，身體力行，努力給孩子做一個好榜樣。可在現實生活中，我們卻經常發現，一些父母說是一套，做是一套，言行不一，一邊要求孩子學會尊重，學會關心，自己卻夫妻反目，婆媳相嫌；一邊要求孩子努力學習，不斷進步，自己卻安於現狀，不思進取。試問，連父母都不能以身作則，又憑什麼去要求孩子呢？

我們之所以認為父母有必要和孩子一起成長。

此外，獨生子女在成長的過程中會遭遇到很多問題，作為父母，我們也會在孩子成長的過程中遭遇到各種的問題，因此，父母需要和孩子一起成長。

師範大學社會學系教授在一次講座上曾這樣闡述「一起成長」這個概念：

「記得兒子小時候，我問他，媽媽幾歲了？兒子告訴我說，媽媽你七歲了！我一聽覺得奇怪，我怎麼會是七歲？兒子更加奇怪的看著我說，媽媽是生了我才做媽媽的，所以媽媽和我一樣大！」

教授進一步解釋說，作為父母，擔任爸爸媽媽這個角色的時間和孩子的年齡是相同的，在這個過程中，會遇到很多自己以前沒有遇到過的問題，所以應該學會和孩子一起成長。

那麼，具體來講，父母該如何才能做到與孩子一起成長呢？

首先，父母應該樹立終身學習的觀念。

古人講：「少而學，壯而有為；壯而學，老而不衰；老而學，死而不朽。」在知識經濟的時代，無論你是什麼樣的身分，都要自發而持續不斷的學習，確保與時俱進。這樣做，一方面能提高自身素養，適應社會競爭；另一方面，也可以促進教育孩子能力的成長，給孩子樹立一個勤於學習、樂於學習的榜樣，使家庭多一點書香氣，少一點麻將聲。

其次，父母應樹立向孩子學習的觀念。

著名人類文化學家米德認為：當代青少年有著很強的「文化反哺」能力，他們能夠把對不斷變動中的社會生活的理解和不斷湧現出的新知識傳遞給自己的長輩。有的社會學家甚至斷言：「我們正在進入一個年長一代向年輕一代進行廣泛的文化吸收和資訊反哺的時代。」現代家庭不僅是休養生息的居所，也是學習進修的教室；家庭成員間不僅是血緣關係，還應該是師生關係、同學關係。父母要主動放下架子、拋開面子，虛心向孩子請教，真心的把孩子當成討論問題的朋友。這樣一來，不僅父母能從孩子那裡汲取活力和能量，孩子也能在父母的尊重、請教的激勵中形成內在成長機制，增加自我成長的動力。

再次，與孩子一起成長，還要樹立以身作則的觀念。

父母要改變孩子，首先就得改變自己。不要總是把眼光盯在孩子身上，挑孩子的毛病，而應該經常檢討自己，在自己身上找根源。

最後，要做到與孩子一起成長，父母必須要要放鬆心態。

一條非常重要的原則是，不管你採取什麼樣的方式教育孩子，與孩子溝通，你們彼此都應該感到快樂。只要你們彼此都覺得很快樂，你就成功了百分之九十。

總之，在這樣一個豐富多彩的世界裡，在這樣一個充滿創新與發展的生機的時代裡，父母一定要從各個層面上豐富自己，充實自己，提升自己，讓自己的生命更有品質更加精彩，從而成就孩子生命的精彩。

所以，讓我們和孩子一起成長吧！

四、親近孩子，父母是孩子最好的老師

父母是孩子的範本。母親衣冠不整，孩子往往也如此，這是不言而喻的。尤其是獨生子女，他們生活的大部分時間都是和父母在一起的，所以受父母的影響更為巨大。

有一位母親把女兒送到女子學校去上學。她省吃儉用，使女兒穿上與其身分不相稱的豔麗服裝。儘管如此，她的女兒還是一點也不喜歡她媽媽。有一次，她的女兒對同學說：「我媽媽穿著那麼花俏的服裝到學校來，使我感到非常難堪。我從四歲起，就總是因為母親這樣做，感到很難為情。」

做母親的不應該這樣。她雖然是為了女兒好，但還是失去了女兒對她的尊重。也許有人會責備女兒無情，但事實上這女兒也該令人同情。雖然這位母親在女兒的外表上花了很大的工夫，把女兒送到貴族女子學校去，但是，她卻沒有盡到做母親的義務。

卡爾・威特是德國著名的兒童教育家。有一次，他的同事沃爾夫對他說：「我的兒子討厭極了，他總是遲到，似乎根本沒有時間觀念。我總是耐心的給他講道理，可是他總是聽不進去。」

聽完沃爾夫的話，卡爾・威特就要求他說說自己是怎麼給孩子講道理的。

沃爾夫立刻就給卡爾・威特舉了下面這個例子：

「恩特斯，我和你講了許多次要遵守時間，否則會浪費別人的時間，也會給別人留下不好的印象，難道你忘記了嗎？」當兒子遲到時，沃爾夫對他兒子這樣說。

恩特斯不以為然的答道：「當然沒有忘記，你說了許多遍了。」

「那你為什麼仍然這樣？」

「我知道這的確不好，不過，我覺得也沒什麼大不了的。」

「什麼？怎麼能說沒什麼大不了的？你從小就這樣不守時，將來還有誰會信任你呢？」

沃爾夫先生有些生氣了。

看見父親生氣，恩特斯也有些沉不住氣了：「你是大人了，不是也過得很不錯嗎？沒見你有什麼麻煩呀！」

「你這是什麼意思？」沃爾夫先生被兒子的話搞得迷惑不解。

恩特斯說：「哦！你可能忘了，你好幾次答應我要帶我去海邊，可是到了現在你一次都沒有帶我去過。」

「那是因為我工作太忙，這一段時間有很多的會議……還有那些論文……還有學生。」說到這裡，沃爾夫先生自己尷尬的停住了，不知道再怎樣說下去。

聽完沃爾夫的講述後，卡爾・威特對他說：「哦，這樣可不好。你要求兒子守約，但自己卻沒有先做到。這樣教育孩子肯定是不會有良好效果的。」

這雖然是一件小事，父親因為工作忙，的確有不得已的時候，他雖然也想帶孩子去海邊玩，事先也對孩子許了諾，但由於自己的原因不能去，這的確是一件難辦的事。可是，孩子會怎樣看這個問題呢？他可能會得出什麼樣的結論呢？他也許會這樣想：哦！父親不守約，他也沒遇上什麼麻煩，大概不守約也不是什麼大不了的事，我也無須為這個問題而煩惱，也用不著糾正這個所謂的缺點。有了這樣的概念，無論有多少次的教訓，恐怕也不會起作用。

更糟糕的是，天真的孩子還會這樣想：父親對別人倒還能守約，尤其是對工作上的事，但對我的事卻不認真，可見守約也要憑興趣或分等級，不必事事守約，那麼有時不守約也就不是什麼錯事了。對於孩子這樣的推理，父母往往找不到反駁的理由。

父母們常常抱怨孩子不聽話，不能按自己對他所講的道理去做事，但就從不想想自己有什麼不對。這些父母常常用自己的行動摧毀了自己給孩子講的道理，讓孩子們認為父母說的是一套，做的又是一套。讓他們認為父母是不可信的，不必認真對待父母的話。這樣的話，孩子根本就不可能按照父母的「說教」去做。

五、再忙，也不要把孩子交給別人

有些獨生子女的父母因為工作太忙，認為自己沒時間照看孩子，於是就僱用人照看和教育孩子。這樣做的父母可說算不上合格的父母，因為這是在推卸自己應盡的責任。父母的教育是不可代替的，把孩子交給別人看管，恐怕只有人類才會這麼做，這種做法與天性相違。

有一對年輕而充滿活力的夫婦，由於家庭條件極好，他們生下孩子後就到國外旅行了。他們把孩子委託給一位親戚，而這位親戚因為工作忙，沒有時間教育孩子，於是，就又把孩子交給了保姆餵養。

這對夫婦在英國住了一年，又到法國住了一年，後來還去了美國和非洲，幾乎走遍了全世界。他們走之前對別人說，現在有了孩子，趁孩子還小的時候，應該去外面多玩一下，否則等孩子長大以後因為要教育他就沒有時間了。

多麼愚蠢的一對父母，他們不知道在孩子出生時教育就已經開始了。他們錯誤的觀念最終讓他們嚐到了苦果，以至於終生後悔不已。

他們從國外回來後發生的事令他們目瞪口呆。孩子根本就不認識他們，只是把他們當陌生人一樣看待，而這一切不能怪任何人，只能怪他們自己。

晚上，當這對夫婦想讓孩子和他們一起睡時，卻遭到了孩子的拒絕。雖然他們的臥室美麗而舒適，可孩子卻偏偏要去保姆那間裝修簡陋的小房子。

這對夫婦都是受過良好教育的人，但如今，他們的孩子卻滿嘴髒話，這都是在學校裡和那群壞孩子學的。由於從小沒有受到嚴格的管教，以至於放學後他經常和別的孩子一起做壞事、打架、欺負更弱小的孩子。這對夫婦想讓孩子好好補課以提高成績，但孩子根本就學不進去，而他們的管教對於孩子來說根本就是一種束縛。

每當他們教導孩子時，只會看到孩子陌生而冷漠的目光。終於，不應該發生的、令人心痛的一幕發生了。

有一天，他們和孩子發生了激烈的爭吵。

「你要知道，我們是你的親生父母。」年輕的父母面對孩子的冷漠，終於忍不住發怒了。

然而，當孩子看到他們凶神惡煞般的模樣的時候，轉頭便跑出了房間，躲在了保姆身後。於是，他們又把怒火全都發洩在保姆身上。

「妳是怎麼教孩子的，他連自己的親生父母都不認識了。」那位父親怒氣衝衝的對著保姆吼叫。

「對不起，先生。這可能……是因為你們很久都不在一起的緣故吧……我想以後會好的。」可憐的保姆戰戰兢兢的辯解道。

「你們不能這樣對阿姨說話。」對於這個孩子來說，他肯定是站在帶他長大的保姆那一邊的。他一邊為她說話，一邊怒視著自己的親生父母。

「我是你的父親，你不懂嗎？」

「但是我從來沒有見過你。」

「不管你想怎樣，從今以後你都要聽我們的話，接受良好的教育。從今天起，不許你再和保姆一起睡，而要和我……」

「不！我只喜歡和阿姨一起睡。」孩子打斷了父親的話。

「那好，我今天就把保姆辭掉。」此時，父親已經是火冒三丈了。

保姆阿姨和孩子已經相處快五年了，和孩子早已經有了深厚的感情，她含著眼淚離開了。

但是，在保姆走了之後，孩子仍沒有什麼好的改變，而是變得整天鬱鬱寡歡，甚至在睡夢中時常呼喚保姆的名字。在他十幾歲的時候，有過幾次翹家的經歷。

事實上，會有這樣的結果和他父母不得當的教育方法是分不開的。

當然，也並不是說一定不能僱用人來照料孩子，只要方式正確即可。對於生活比較富裕的家庭，可以把部分雜務交給保姆做，對孩子的照料也不一定要樣樣都動手，但母親一定要承擔起孩子平時的教育和管教的責任。

六、千萬別放任孩子

愛孩子絕不是縱容和放任。做父母的，不管自己的工作有多忙，不管自己要做的事情有多少，都必須抓緊時間管教兒女，約束他們不正當的行為。要把管教和愛緊緊的結合在一起，二者缺一不可。

先來看一則事例：

資辰的父母都是生意人，沒受過什麼教育，但家庭比較富裕，在家裡資辰是個獨子，今年才十五歲的他，卻已經是個少年犯了。

資辰的父親特別喜歡喝酒，資辰也沾染上了這個壞毛病，甚至和父親一起同桌飲酒。而對於未成年的兒子，父親竟絲毫不加以干涉，反而還誇兒子「真行！」資辰從七歲時就會喝酒、會花錢。父親有時甚至大方到讓他自己從口袋裡掏錢。於是，小小年紀的資辰，成了酒吧、舞廳的常客。而資辰的父母不但不阻止，竟還說：「學會花錢，並不是壞事。」由於他出手大方，那些行為不良的同學開始圍著他轉。於是資辰又學會了抽菸、賭博。他學壞後，學習成績急劇下降。剛開始，因為老師的督促，父母還會告誡他幾句，但因為自己忙於做生意賺錢，幾次管不住兒子後，他們也就索性不管了。老師再督促家長的話，他們反而回說：「我教育水準不高，不也生活得挺好。」結果資辰開始變本加厲，他常常翹課，考試考「零分」成了家常便飯。後來發展到偷盜搶劫，終於被關進監獄。資辰的父母這時才後悔萬分，可惜已經悔之晚矣！

人們常說，家庭是孩子人生課堂上的第一堂課，父母是孩子的第一任老師，由此可見，家庭教育對孩子的成長有著多麼重大的作用。可是如今的很多父母卻喜歡走極端，對自己的孩子，不是過度溺愛，就是放任不管。隨著經濟水準提高，生活節奏加快了，由於工作太忙、事情太多，父母便忽略了對子女的教育，不管不問；甚至有的因為婚外情問題導致家庭破裂，對子女的教育就更加的放任不理。這種放任型的教育方式，往往會使孩子喪失前進的動力和方向，誤入歧途，為其走上歪路製造了條件，在這種教育方式下成長起來的孩子往往自由散漫、厭學翹課、感情用事，也助長了青少年犯罪率的提高。當父母一旦覺得有所愧疚，就容易用金錢來滿足孩子的需求，豈不知這種行為更加速了孩子走到歪路上去。養而不教，放任不管，最終收到最大傷害的還是可憐的孩子。

在這一方面，美國人的教訓可謂慘痛。

第二次世界大戰結束以後，美國作為戰勝國和最大的利益獲得者，其經濟成長進入了高速時期，這也給整個美國社會帶來了極大的變化。美國的父母把壓抑已久的感情和溫暖傾注在下一代身上。有的人信奉「愛就是一切」的教育觀點，鼓吹對孩子要「放任自由」，讓孩子們自行其是、自然成長。於是，這一代的孩子的確是幸福的成長起來了，他們享有美國歷史上從來沒有過的繁榮和最優越的受教育的機會。可是，二十多年後，正是這一代人，將吸毒、早孕、酗酒、自殺、暴力犯罪等等醜惡現象推向了極致，給一九六〇年代的美國帶來一場社會大動盪。從戰爭中走過來的老一代人們，本來以為戰爭結束了，消除了飢餓，消除了經濟蕭條，好事情會接踵而來，誰知道富裕的生活沒有帶來年輕一代的感謝，反而帶來他們對老一代的對抗、傲慢和蔑視！後來這一代人被統稱為「垮掉的一代」。

由此，美國的一些家長開始重新思考：究竟應該怎樣教育孩子？

有一些教育學者如此總結「垮掉的一代」產生的根源：童年時期父母放任自由式的教育方法。根本沒有人要求他們舉止要有禮，要尊重他人；沒有人要求他們對自己的行為負責，也對別人負責。當時，美國的老一代的人終於明白了，是他們親手把下一代逼上了嬌生慣養、放任散漫、愛得讓人窒息的祭壇！他們也終於明白了一個道理：放任孩子就是傷害孩子，也是在傷害自己和危害社會。

所以說，為了幫助孩子樹立正確的人生觀，為了孩子未來能立足社會，父母就是再忙也要和孩子溝通，再忙也要去承擔和履行教育孩子的職責和義務，絕對不能放任孩子。

七、多留點時間給自己的孩子

現代社會，競爭越來越激烈，生活的節奏也越來越快，為父母者，尤其是年輕父母，大多很忙，忙工作、忙交際、忙應酬、忙娛樂，因此，便沒有太多的時間去陪孩子一塊遊戲、聊天，也無法與孩子進行有效破的溝通、交流，長此以往，孩子的生活難免陷入孤獨，也就很容易患上我們在上文提到的「後天情感缺乏症」。

某報紙曾刊登過這樣一則新聞：

在一個班上，有一位特殊的學生，他僅僅在學期結束的時候才回家，爸媽學期中也從不來看望他。開學的時候，他爸爸用汽車送他到學校，交了幾萬元學費之後，交給他兩張卡，一張金融卡，一張電話卡，並告訴他，錢用完了就給他打個電話，卡上就會有錢。結果，這個學生總是大手大腳的亂花錢，經常成群結隊去大吃大喝。有一次，他在作文中寫道：「臭老爸，除了給我幾個錢，就什麼也不管……」

當看到這裡的時候，你會不會猛然一驚？其實真正的原因是因為他爸媽離婚了，媽媽去了美國，而爸爸又因為工作忙，不怎麼管他，更不用說與他溝通了。

事實上，在當今的學校教育、社會教育、家庭教育三種教育方式中，家庭教育是最弱的一項。家庭教育是一切教育的基礎，而現在，很多父母與子女之間缺乏應有的溝通，父母沒有真正了解孩子在想什麼、需要什麼。有些孩子甚至因為無話可說而不願與父母同桌吃飯……

有的時候，孩子會和父母說：「您能不能多抽點時間陪陪我啊。」但父母往往會這樣說：「改天吧！」每次都是這麼幾個字。但是父母哪裡知道，作為獨生子女，自己孩子的心裡是多麼的孤獨、痛苦和心酸啊！長此以往，孩子就會和父母產生一種距離感。哪怕有一些心裡話，也不願意與父母講。他們會產生這樣的想法：和父母說心裡話，還不如與同學和朋友說。最起碼他們還可以鼓勵、安慰自己，而父母在只會找藉口推脫。更有的孩子因此沉溺遊戲甚至去做壞事，像這樣的例子在現實中並不少見。

事實上，要父母多留點時間給自己的孩子並不是一件強人所難的事情，即使再忙，父母也是可以抽出時間陪孩子的，關鍵在於父母心裡是否有這樣一個信念。

對於上學的孩子來說，暑假是課餘時間最多的時候，也是對家長對孩子實行「家教」的最好時機。在這段時間內，家長應多抽一些時間跟孩子一起玩，從而「寓教於樂」。

有很多父母都希望從繁忙的工作中抽出時間，多陪孩子玩玩，可是，卻總是身不由己。其實關鍵問題在於父母是否時刻將這一點記在心上，同時是否懂得安排時間與孩子遊戲與交流。此外，父母還可以完全使生活盡量遊戲化。如早上洗臉的時候，可以和孩子比賽誰洗臉快，購物的時候，可以玩超市遊戲等等。

孩子睡覺之前也是親子溝通的好時機，每個孩子在睡覺之前都希望爸爸媽媽能和自己多待一會兒，這時，父母可以給孩子講故事，也可以讓孩子講講他在這一天中發生和遇到的事情。

很多父母都不喜歡孩子玩遊戲，尤其是網路遊戲。每當看到孩子玩的時候，就會馬上制止。其實與其這樣強行制止，不如給孩子定個時間讓他們玩遊戲，最好不要讓孩子一個人玩，而父母陪孩子一起玩。孩子和父母一起玩，可使親子之間的關係更融洽。

八、適時的放下工作，傾聽孩子的心聲

當孩子跟父母說話時，父母應該適時的放下手頭的工作或者娛樂，用心傾聽孩子說話，這會讓孩子感覺到父母很在意聽他說話，孩子受到了尊重和鼓勵，自然樂意的說出自己的心理感受。

隔壁的筱薇回家後跟媽媽講幼稚園老師請父母配合做的一些事情和一天的所見所聞。

「走開，別在這裡煩我。」

「一個小孩子哪會有這麼多事？」筱薇的媽媽正忙著做自己的事，對女兒的「喋喋不休」極為不耐煩，三言兩語就將女兒打發走了。

父母可以說就是世界上最了解自己孩子的人，然而事實上並非完全是這樣。我們經常可以看到孩子興沖沖的跑到父母的身邊，想跟父母談一些事情。但父母卻總是忙著做其他事，叫孩子等一會再說，或者孩子訴說了一件委屈的事，沒想到父母一聽就發火，根本不去了解真正的原因，久而久之，親子之間的溝通就產生了問題。

在現實生活中，許多父母都沒有認真傾聽孩子心聲的習慣，這也是孩子無法養成傾聽他人說話的習慣的原因。經常有父母這樣感嘆：「孩子有什麼話總不肯跟我說，我說什麼孩子也不願意聽，真是拿他沒有辦法。」事實上，父母不善於傾聽孩子，孩子說的話就得不

到父母的重視，孩子便只會把自己的想法藏起來，而且，孩子還會感覺到父母是不尊重自己的，從此更加減少與父母之間的溝通。這種後果將是非常嚴重的。

心理學家提示父母說：「如果父母從不聽孩子說話，孩子長大後往往要經過許多年治療才能恢復自尊。」事實上，孩子雖然還小，但是他們也有獨立的人格尊嚴，他們也需要表達自己的想法和感受，父母是沒有權力剝奪孩子的這些權利的。

傾聽孩子的心聲不僅是了解孩子心靈的有效途徑，也是培養孩子傾聽他人的重要方法。父母必須定期抽出專門的時間來傾聽孩子的心聲，讓孩子感受到你對他的重視和賞識。

傾聽孩子說話時，父母一定要端正態度，不要一邊忙於手頭的工作或娛樂，一邊敷衍孩子，也不要擺出一副表面上傾聽、實際上千方百計想出一些理由來反駁他的樣子，完全不顧及孩子的感受，總是否定孩子的思想，這樣孩子便不會再主動與父母交流了。

德國教育大師卡爾・威特就非常提倡「傾聽的藝術」。

每天，在兒子小卡爾睡覺之前，卡爾・威特都會和妻子花一些時間聽孩子講他當天發生的事情。在講述中，卡爾夫婦還讓兒子評價自己哪些事情做得好，哪些沒有做好。這樣小卡爾慢慢的就養成了反省自己的習慣，也讓卡爾威特夫婦能夠進一步的了解了兒子的性格和內心的想法。

所有的家長都希望孩子能對父母敞開心扉，能夠經常徵求父母的意見並與他們進行交流。不過父母得首先學會傾聽孩子，只有在情感上贏得孩子的信任，父母親才能真正和孩子自由自在的溝通。

在跟小卡爾的交流中，卡爾．威特會承認孩子的一些美好想法，但他的這種理解並不表示小卡爾可以胡思亂想。對於他那些錯誤的想法，卡爾．威特會在用心傾聽後，給他講明白道理並讓他及時的糾正。

有一天，小卡爾對父親說，他不喜歡鄰居布勞恩夫人。卡爾．威特問他為什麼，他說布勞恩夫人很少笑，一點也不親切。於是卡爾．威特告訴他：「你不喜歡布勞恩夫人，是因為她看上去不親切，很少笑。可是另外有一些事情你也許不了解，布勞恩夫人的心地很好。如果你對她表示友好，她會很高興的。你們會和睦相處的。」聽了這些話，小卡爾開始重新認識布勞恩夫人，不久，他們果真相處得很好了。

「傾聽」是一種非常好的教育方式，因為傾聽對孩子來說是在表示尊敬，表達關心，這也促使孩子去認識自己和自己的能力。如果孩子感到他能自由的對任何事物提出自己的意見，而他的認知又沒有受到輕視和奚落，他就會毫不遲疑、無所顧忌的發表自己的意見。先是在家裡，然後在學校，將來就可以在工作上、社會中自信勇敢的正視和處理各種事情。

所以說，無論你的工作有多忙，都要抽出時間傾聽孩子的心聲，這是親子溝通的最有效方式之一。

第二章　讓獨生子女融入到人群之中

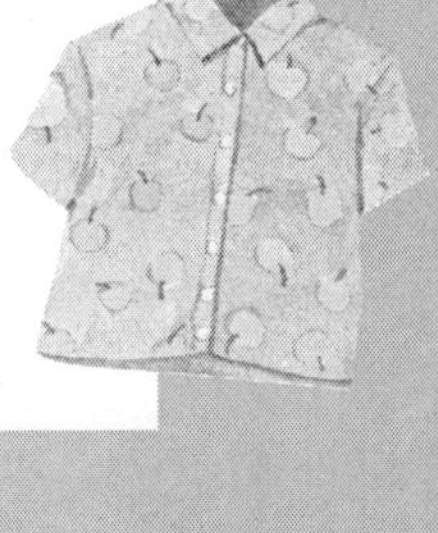

一、合作與分享是成功者必備的素養

什麼是合作？合作就是人與人之間配合，共同完成一件事情。你一個人無法完成的事情，你與別人合作就能夠完成；也許你一個人也能夠完成一件事情，但是如果你與別人合作，你將會把這件事做得更加完美。

懂得合作是成功者必備的一種素養。合作既是一種精神和態度，也是一種能力和修養。在現代社會，人與人之間的聯繫更加緊密，完全孤立的人是無法生存的。

而目前城市中的獨生子女，在家庭、學校生活等多方面中均常表現出不合群，對合作的重要性認識不夠，缺乏對合作方法的了解，與人合作的意識和能力比較薄弱。因此，培養獨生子女的合作意識、合作精神和合作能力，對父母來說，是非常有必要的。

對於獨生子女的父母來說，從孩子懂事時起，就應該有意識的培養孩子與他人合作的精神和能力。

那麼，父母該怎樣來培養獨生子女與人合作的能力呢？

第一，**讓孩子明白與人合作的重要性。**

對於孩子來說，在日常生活和學習中，有許多事情是靠他一個人的力量是無法做到的，這時他所需要的就是與別人合作。父母可以尋找並發現這樣的事情，然後利用這種機會讓孩子體驗一下個人無法完成的挫折感，從而使其懂得與人合作的重要性。

第二，讓孩子感受合作的快樂。

成功的合作可以讓孩子產生快樂的感受，這種感受能夠帶給孩子無窮的動力，進而促進孩子的合作意識和合作行為。

第三，讓孩子多與同伴來往。

給孩子足夠的時間，讓其與同伴在一起，他們可以一起交談，一起分享玩具，一起玩遊戲，一起出去玩耍，一起寫作業。父母應該知道，孩子有他們自己的生活，這種生活是成人社會所無法取代的。如果孩子不喜歡與別的孩子來往，父母就更要有意識的鼓勵他與同伴接觸、來往。此外，父母不能過多的干涉孩子的交際，這種交際是孩子獲得合作的能力與情感體驗的最基本的條件，它有利於養成合群性，消除孩子執拗或孤僻的傾向。

第四，讓孩子與同伴共同承擔一定的任務。

父母想要提高孩子的交際與合作能力，可以讓孩子與同伴分擔同一個任務的不同部分，並透過力所能及的活動努力完成它。有時，對於一些複雜的任務，可以進行必要的分工，但必須保證分工的相互牽制性，以便孩子們透過必要的主動交流與協調來完成整體任務。否則，合作就會變成單打獨鬥，不利於培養合作精神。另一個需要注意的是，一旦交給孩子們任務，就要鼓勵他們獨立完成，即使遇到困難或者發生爭執，也只能提供諮詢，而不要越俎代庖，代替他們完成任務。

第五，讓孩子真正認識到別人很重要。

父母要教育孩子：與人交往，一定要尊重人，使對方覺得他在你心目中很重要。

下面我們來看這樣一個故事：在台北街頭，一個乞丐打扮的人擺著地攤賣鉛筆。一個商人從他身旁經過，把一枚五十元的硬幣丟進放鉛筆的杯子裡，匆忙踏進地鐵。但他停頓了一下，又轉身走回來，走到賣鉛筆人眼前，從攤上取走幾支鉛筆，並很抱歉的解釋說，他在匆忙中忘記取走鉛筆，希望這個人不要太介意。他還說道：「你跟我都是商人。你是在賣鉛筆的，而且上面都有標價。」說完，他趕搭下一班捷運走了。幾個月後，在一個社交聚會上，一位穿著整齊的推銷員迎向這個商人：「你可能忘記了我，我也不知道你的名字，但我永遠也忘不了你。你就是那個重新給我自尊的人。我從前是個賣鉛筆的乞丐，直到你那天告訴我，我是一個商人為止。」

第六，讓孩子知道競爭和合作是可以同時存在的。

作為獨生子女，一般在家裡不會有人跟他爭什麼東西，父母也通常不會對他的言論提出什麼不同的意見。但是在家裡以外的地方，比如學校，就出現了競爭者和反對者。這樣，孩子就認為反對他以及和他競爭的同學是不能成為合作對象的。所以父母要及時教育孩子校正他的競爭心理。競爭目的主要在於實現目標，而不在於反對其他競爭的同學。父母要教孩子把其他同學作為學習上的競爭對手，生活上的合作夥伴，千萬不可一味的把他人當成競爭對手和敵人，不顧一切的與他人對立。這種想法是不健康的。

同時，父母要教導孩子與人合作的技能，教育孩子考慮團體的利益，學會在關鍵時刻要約束個人的行為，犧牲個人的利益。如果孩子缺乏這種意識或者精神，與人合作是不可能成功的。

第七，讓孩子對別人真誠的感興趣。

一個人只有真誠的對別人感興趣，他才會得到很多朋友。有的父母只要孩子關心自己的學習成績，其他的事情一律不許過問，久而久之，孩子養成了只關心自己的習慣，只要求別人滿足自己，至於別人有什麼困難，他們並不去想。他們享受不到幫助別人和得到別人幫助的樂趣。

孩子終究要走上社會，無論從事什麼工作，都要和人打交道，只有對與自己一起工作的對象感興趣，才能煥發出一種熱情，一種創造力。

二、讓孩子學會關愛他人、幫助他人

一個有關愛之心，懂得幫助他人的人，才能得到更多人的幫助，才會有更多的朋友，才能獲得更多的機會，也才更容易取得成功。因此，父母要積極培養孩子關愛他人、幫助他人的好品格。

獨生子女自幼就在父母和長輩的關愛甚至是溺愛中長大，往往缺乏的就是這種優秀品格。這些孩子在家裡往往都是處於一種隨時被照顧的地位。這就減少了他們去關心、照顧別人的機會，有的甚至會很少想到別人，除非是他們需要別人幫忙的時候。這一切看起來是自然而然的就形成了，可是，這些卻非常不利於孩子的成長，不利於孩子形成優良的品格，不利於孩子長大後進入社會和人相處，它甚至會妨礙到孩子的學習以及事業上的成功。

樂於助人是一種高尚的特質，這對於一個孩子來說，可能會難以理解，因為他們可能對此沒有明確的認識，還不懂得它的社會意義。可是孩子們都是極富同情心的，他們的同情心就是培養他們樂於助人的精神基礎。

在現實生活中我們可以看到，有些孩子喜歡主動幫助別人，會把別人的事當作自己的事情來對待，但有的孩子則對別人的事絲毫不關心，認為那是別人的事情，跟自己沒有什麼關係，這其實是一種自私的表現。一個自私的人的生活是毫無樂趣可言的，因為他沒有朋友、內心孤獨。一個自私的孩子也只會遠遠的看著別人在一起玩得興高采烈，而自己卻只能一個人站在旁邊，這是因為他的自私讓夥伴都遠離他。所以，父母一定要培養孩子樂於助人的好習慣，因為這不只是在幫助別人，同時也是在幫助孩子健全他的性格。

父母培養孩子助人為樂的品格，可以從以下五點做起：

第一，教孩子尊重他人。

培養孩子幫助別人的習慣也和培養孩子其他方面的習慣一樣，一定不要強迫他去做什麼，而是要讓他把這些作為一種助人為樂的習慣，讓他從家庭中懂得仁愛、友情、親情、付出與給予等方面的善行為他所帶來的喜悅。

想要讓孩子懂得禮貌讓座、尊老愛幼、不欺負弱小的道理，首先要讓他學會去尊重他人，並且要付出行動，只有這樣，他才會真誠的並且是不圖回報的去幫助別人。在日常的生活中，父母要經常向孩子講述一些關於偉人或身邊某些人好善樂施、以誠待人的行為和事蹟，讓孩子知道為什麼這些人會受到那麼多人的愛戴。讓他從中認識到尊重別人、以誠相待是受世人關注與愛戴的原因，讓他明白尊重他人等於尊重自己、給予與付出要對等、愛是一種雙向的相互關係。

第二，讓孩子學會與人分享。

不懂得和別人分享的人是自私的，這種人是從來不會去幫助別人的，即使是他做了什麼幫助別人的事情，也可能是另有所圖的。所以，想讓孩子養成幫助別人的習慣，首先應該讓他學會與人分享，讓他體會到與人分享的樂趣。

有這樣一個故事：

在一個陽光明媚的星期天，媽媽帶著女兒去公園玩。來到一個小亭子裡時，媽媽打開裝零食的小書包，女兒拿出她最愛吃的小熊餅乾快樂的享用著。這時，一個哭泣的小男孩也來到了小亭子，並且一邊哭一邊喊媽媽。媽媽對女兒說：「這個小弟弟可能是找不到媽媽了，我們把他帶到公園管理處，好嗎？」女兒點點頭。媽媽再看向小男孩，只見他眼帶淚光的看著女兒手中的小熊餅乾。女兒好像也察覺到了，於是下意識的用手捂住了小熊餅乾。「如果是妳找不到媽媽了，現在又急又餓，妳希不希望能吃一塊餅乾？」媽媽耐心的引導女兒。女兒想了想，把手伸進了書包，拿出了她最愛的小熊餅乾。

雖然孩子的年齡小，但是他們有著善良的心的和單純的想法，所以父母要鼓勵孩子的參與意識和分享意識，使孩子對幫助別人產生興趣，並且透過幫助別人可以得到一種滿足感。經過時間的錘煉，這種美德就會在孩子們的體內生根發芽，並且逐漸在他們心中形成一種可以影響他們今後人生的良好特質。

第三，鼓勵孩子幫助別人。

在日常的生活中，父母要用鼓勵的方式讓孩子幫忙父母做一些他們力所能及的事情，這樣可以增強孩子助人為樂的責任感，還可以透過講道理的方式讓孩子知道，如果一個人只想到自己而不能給予別人幫助，那麼，他就是一個自私的人。這樣的人就會被孤立起來，同樣也得不到別人的尊重和幫助。所以，讓孩子邁出助人為樂的第一步，就一定要鼓勵孩子去幫助別人，這點非常關鍵。

第四，父母要以身作則。

父母在對孩子進行教育的時候，一定要身體力行、以身作則。要知道，一個人的特質和習慣並不是一時之間就能夠養成的，也不是說只透過一兩次教育就可以成功的，而是要經過長期而有效的教育以及各個方面的努力、多方面的原因才有可能形成的。所以父母長期的引導和示範起到了不可忽略的作用，但是，一旦父母給孩子做了一些不好的示範，那麼所有的努力就會功虧一簣。所以，在讓孩子養成幫助別人的習慣時，父母一定要身體力行的去幫助他人，這樣的教育不需要言語的說教，而是在於一種環境的薰陶。

三、莫讓孩子成為小氣鬼

現在的獨生子女，大多數在物質方面什麼都不缺，可是卻越來越「獨享」，越來越小氣，越來越自私，不願意和別人一起分享，別人的就是自己的，自己的還是自己的。在別人有好東西而自己沒有的時候（比如玩具或者零食），就想方設法和別人一起「分享」，而當自己有而別人沒有的時候，卻不願意拿出來。

小輝一向有「獨享」的習慣，「占有慾」特別的強，有了什麼好東西，總是自己獨占著，讓他分一點給爸爸、媽媽都不肯，一次爸爸下班回來吃了他喜愛吃的甜點，儘管爸爸表示明天立刻買給他，可他仍然不依不饒的哭鬧。他的玩具更是不讓別人碰。有一次，鄰居孩子小羽來家裡玩，看見小輝正在玩小火車便用手摸摸並說：「好好看的小火車呀！」小輝小氣的將小火車收藏起來，並說：「這是我爸爸買給我玩的，你回家叫你爸爸給你買呀！」

才四、五歲的孩子，「我」字在他腦海裡竟如此膨脹，將來長大，這個以「我」為中心的小氣的孩子豈不是要自嚐苦果？

所以對於獨生子女的父母來說，從小讓孩子學會慷慨大方是非常重要的，當然，這並不是說要讓孩子變得大手大腳。父母要讓孩子變得慷慨大方，首先就要幫助孩子克服「小氣」的缺點。

「小氣」是一種非常不好的壞毛病，及早防止與糾正獨生子女的「小氣」行為，是父母早期教育的重要內容。要糾正獨生子女的「小氣」行為，父母首先要清楚「小氣」的特徵。

「小氣」的孩子有哪些表現呢？

國際兒童心理學研究專家指出，「小氣」的孩子，除了具有「零食不肯給別的孩子吃」、「玩具不願借給別的孩子玩」等最直接的特點外，還具有如下主要特徵：做事斤斤計較、愛講條件、缺乏自我犧牲與奉獻精神、自私自利、思想保守、缺乏同情心、適應能力較差、心胸狹窄、嫉妒心強、做事比較猶豫、多疑、缺乏果斷性等。

那麼，孩子為什麼會形成「小氣」的性格呢？

這主要還是因為：「近朱者赤，近墨者黑。」孩子身邊的人們具有「小氣」的行為，這不僅僅指父母，還包括同學、鄰居等；父母過於溺愛孩子，使孩子養成了獨占、獨玩等不良行為習慣；孩子缺乏交際，沒有機會體驗與人分享快樂；有的家庭經濟狀況不佳，孩子的一些要求不易滿足也是一個重要因素。

那麼，父母應該怎樣幫助孩子克服小氣的毛病，從小培養孩子慷慨待人的品格呢？

第一，以身作則，為孩子樹立良好榜樣。

父母的行為對孩子有著最直接、最持久的影響作用，為孩子樹立學習與模仿的良好榜樣，是父母的首要任務。在日常生活中，父母應首先做到待人慷慨。比如肯把東西借給鄰居使用，能主動把珍貴的物品拿出來讓別人觀賞，肯送給朋友珍貴的禮物等等。

第二，透過媒介為孩子尋找榜樣。

父母可以利用圖書、電視、網路等媒介中的慷慨形象來教育孩子、薰陶孩子。在各種榜樣行為的影響下，孩子便會逐漸產生慷慨待人的意識，為慷慨品格的形成奠定良好的基礎。

第三，給孩子提供分享的機會。

克服小氣的壞毛病，養成慷慨待人的優秀品格，需要孩子在實踐中形成。所以父母在日常生活中應盡量為孩子提供一些機會，讓孩子學會分享，比如買回好吃的食物時不要全部留給孩子吃，要讓孩子將這些食物合理的分享給家庭成員；在孩子們玩耍時，要引導自己的孩子把心愛的積木、玩具等分一些給其他小朋友玩。同時，在這些練習中，父母應及時稱讚孩子的慷慨之舉，使孩子得到快樂的心理體驗，促進孩子慷慨行為的進一步發展。在孩子與玩伴的來往過程中，父母還可以指導孩子互相交換玩具進行玩耍。在反覆交換玩具的過程中，孩子就會逐漸明白禮尚往來的必要性與相互幫助的重要性。這對孩子慷慨品格的養成有著重要的意義。

第四，鼓勵孩子幫助有困難者。

生活中，我們常常會遇到一些需要幫助的貧困者與受難者。這時，父母應鼓勵孩子盡自己所能的幫助這些人。比如把自己的文具送給貧困家庭的孩子，把自己的壓歲錢捐給受災的地區或急需錢治病的人們，也可以讓孩子幫助困難者做一些力所能及的事情以減輕其負擔。孩子在反覆體會到助人的樂趣之後，就會把這種樂趣當作為一種強烈的精神需要，從而學會去付出、去追求，最後形成穩固的慷慨待人的優秀品格。

四、讓你的孩子融入到團體中去

很多獨生子女都有一個最大的特徵，那就是孤獨。因為獨生子女沒有兄弟姐妹，家庭成員往往對其極為疼愛，使他們成了小皇帝、小公主。這些孩子如果長期與家長生活在一起，而缺乏與外界接觸，特別是與同齡人接觸較少的話，那麼就很容易產生孤獨感（畢竟孩子與孩子是最容易溝通的，而孩子如果生活在以自我為中心的環境內，其溝通必然是難見成效的）。而這種孤獨感又會成為孩子成長道路上的心理障礙。

蕙敏是一個獨生女，她家的經濟條件特別富裕，但父母因為工作的關係特別忙，所以特別為她請了保姆。蕙敏從小由保姆帶大，從來沒有和小朋友玩過，其他小朋友會玩的遊戲、會跳的舞、會唱的歌蕙敏一概不會。就連小朋友給她一個帶皮的水果，她都會用手捧著去問老師該怎麼吃。因為在家裡都是保姆削好皮，切成片放在她嘴裡。

蕙敏在自己家中處於絕對核心地位，習慣了做家中的小公主、小太陽，過慣了飯來張口、衣來伸手的生活，因此缺乏獨立生活的能力。

更嚴重的是，由於長期不與別人交往，蕙敏的性格變得越來越刁蠻任性、不懂禮貌，動不動就亂發脾氣，也越來越內向，終日沉默寡言，見了客人躲躲藏藏、唯唯諾諾、膽小怕事。

像蕙敏這種情況在獨生子女中並不少見，這是客觀環境所造成的。一般獨生子女家庭對孩子的呵護往往細緻入微，孩子生活中的大事小事多由父母或保姆包辦，這就造成孩子對什麼都不感興趣，什麼都不會做。

另一方面，獨生子女的家長忽略了零到三歲孩子的早期教育，沒有培養孩子手、眼、腦的協調能力，更沒有培養他們的觀察力和創造力，損害了他們的心理健康，形成孩子刁蠻不講理，以自我為中心的不良心態。如果說身體健康是孩子最基本的保證，那麼心理健康和良好的性格培養則是獨生子女教育的核心問題。

父母應該認識到，孩子只有生活在團體中，才不會感到孤獨，尤其是對於獨生子女來說。要知道，孩子與孩子之間是最容易溝通的。同齡孩子在一起，即使是打打鬧鬧，互有意見，也會玩得好學得好。他們可以在共同的遊戲中合作出主意，想辦法，互相取長補短，增長知識，發展智力，提高自身的認知能力。

透過融入團體、與別的孩子積極交往的過程，孩子的注意力會被其他孩子所吸引，其心理活動就不會局限於個人的小圈子裡，性格也就會變得開朗。此外，透過融入團體、與別的孩子積極交際，孩子還能正確認識他人的長處，並透過比較，客觀的認識自己，調整自我評價，學習他人的長處，減少自卑感。不僅如此，透過融入團體、與別的孩子積極交際，還可開闊孩子的視野，增長知識和經驗，使孩子樹立健康的心態。

所以，對於孩子，父母一定要敢於放手，不要有太多的擔心和顧慮，讓孩子融入到團體當中去，讓孩子在團體生活中得到適時的鍛鍊，培養起孩子多方面的興趣，讓孩子在團體生活中體驗家庭不能給予的興趣，使孩子由於長期禁錮在家庭中所形成的內心孤獨感逐漸得以消除。

五、孩子自閉怎麼辦？

獨生子女的自閉心理在現代家庭教育中是一種很常見的現象。

所謂自閉就是自我封閉、自我限制。凡有自閉心理的孩子，在與人交際中往往處於惶恐、矛盾、徘徊的心態中不能自拔，十分痛苦，他們不能與人交談、交流、溝通，更不能被人理解，整日把自己封閉在狹小的空間裡。這種行為正好與當今社會群體人員互動、交流、互勵互助的現實情況格格不入。

一位母親憂心忡忡的說：「我家孩子上小學時就擁有了自己的房間。但隨著年齡的增長，孩子越來越喜歡一回家就關上房門，而且還把門反鎖上。剛開始我們認為孩子獨自在房間裡會安心看書，沒想到她的成績一天天下滑。我們一氣之下，乾脆把孩子房門上的鎖給破壞掉了。誰知孩子更變本加厲，一回到家，照樣關上門，然後再用桌椅把房門堵上。我們家雖有電腦，但我們說什麼也不敢讓孩子上網。但女兒乾脆借了一大堆光碟片，關了房門獨自欣賞，任憑我們在門外喊破喉嚨也不開門。我們給了孩子獨處的空間，但卻使孩子和我們越來越疏遠，這孩子到底是怎麼了？」

其實，導致這個孩子出現上述行為的原因就是自閉心理。自閉心理必然會影響孩子的健康成長，因此父母不可忽視這一問題。

有自閉心理的孩子具體有那些特點呢？一般來說，這些孩子在有人的場合（特別是有生人的場合）會感到心理緊張，甚至是恐懼。仔細觀察不難發現，他們公開交際或表演時普遍出現心慌、不安、臉紅、手足無措、出汗、語無倫次等等症狀。這些現象，嚴重的妨礙了他們與人正常的交流，阻斷了心靈溝通的管道，呈現出令人尷尬的窘況，從而產生自卑的心理。

自閉心理產生的原因可以歸納為主觀原因和客觀原因。

主觀原因是：孩子自身的性格弱點，例如，靦腆、內向、害羞、不善言談、不喜歡與人交往；即使是有人來與之交流，他卻心胸狹窄、度量很小、容不下別人；更有甚者自持清高，鄙視來客；或是心理上對與人交流產生恐懼。這些都不利於與別人建立很好的人際關係，長此以往必然走向自我封閉的深淵，陷入深深的痛苦困境之中。

客觀原因是：在獨生子女的家庭教育中，家庭的客觀環境就不具備與人交往的條件，例如：獨門獨戶，沒有與人交往的機會；父母長期忙碌在外，無暇引領孩子去結交朋友。

對於孩子的自閉心理，父母應該抱有正確的態度：一方面要高度重視它帶來的危害，要盡力找到解決問題的辦法；另一方面，又不可誇大它的負面影響，給孩子心理上帶來陰影和創傷。以下建議可供參考：

第一，消除孩子對社會的恐懼心理，鼓勵孩子多接觸社會。

孩子隨著年齡長大，必然要接觸社會，如果心理自閉，必然會給今後的學習、工作和生活帶來很多煩惱，只有適應社會及時代的變化，才能獲得正確的社會價值觀念、行為規範和知識技能，從而走向成熟。因此，努力參加一些公益活動很有必要，逐漸讓孩子學會當眾講話，鍛鍊他的心理承受能力。訓練他的說話能力，消除對社會的恐懼心理。

第二，接納孩子的朋友。

要孩子學會交際，首先父母就要先做一個好的示範，父母在接納孩子朋友的過程中，讓孩子學會與人溝通、交際的技巧和藝術，接納不同性格，不同愛好的朋友以拓展交際的領域，從中受到啟發。

第三，正確看待孩子在交際中的挫折。

不同性格的孩子間交流，發生矛盾是難免的。有了挫折，要正確面對，客觀的看待與人相處的關係，這種方法十分重要。面對困難，毫不退縮，堅定自己的信念不動搖。以寬宏大量的心態去面對一切。

第四，帶著孩子到大自然中去。

孩子的天性是熱愛大自然的。在大自然中，可以釋放壓抑的心情，使孩子變的豁達、開朗。

六、讓孩子學會如何拒絕

我們在前文說過，孩子應該慷慨大方一些，而從另一個角度講，孩子還應該學會拒絕。拒絕對生活有著重大作用，喜劇大師卓別林曾說：「學會說『不』吧！那你的生活將會美好很多。」

英國心理學家朱麗亞·貝里曼等人提出的「破唱片技術」，對不會說「不」的獨生子女來說，具有很好的借鑑意義：如果你需要拒絕某人的不合理要求，或者想對他說「不」，或者想盡快結束某個你認為沒有任何意義的討論，你可以「像播放破損的唱片時總在同一個地方一遍遍的重複那樣，你要做的事就是以堅定的態度一遍又一遍的重複你的意見」。

小光心情複雜的來到了心理諮詢診所，他說在自己的心中藏著一個解不開的「結」，這個「結」常常讓他覺得心情非常壓抑，但是卻又找不到原因，也不知道要怎麼樣去打開這個「結」。

「我不知道怎麼拒絕別人，不知道怎樣對別人提出的要求說『不』。當別的同學提出一些要求的時候，我從來沒有拒絕過，即使那個時候我很忙，很不願意去滿足他對我提出的要求，可我卻從來不敢拒絕他們。就因為這樣，我常常會打亂自己所制定的學習計畫。」

小光說這些話的時候顯得非常的無可奈何。他還說，雖然自己的內心非常苦悶，但是在表面上他還是沒有表現出一絲的不高興。他常常責怪自己，為什麼這個「不」字會那麼難以說出口？

小光的這種情況屬於「從不說『不』綜合症」。從不說『不』綜合症是指人們由於不擅長拒絕而產生的緊張、焦慮、恐懼、自信心下降等一系列情緒障礙。

患有從不說『不』綜合症的孩子，大都太過看重自己在別人眼中的形象，他們認為自我的價值是取決於別人對自己的看法。如果拒絕了別人，可能會招致反感，從而影響到人際交往。所以，即使別人向他提出一些不合理或是超出他能力範圍的要求，他也不會拒絕別人，因為他害怕引起別人的不滿。如果是偶爾拒絕了別人，也總會感覺到很抱歉而後悔萬分。有時候，即使是別人傷害到了自己，也不會表達出自己的憤怒和不滿。對於這些孩子來說，拒絕別人的要求自己的心裡會很難受，但是事實上，如果不拒絕他們卻會更難受。由於他們的委曲求全，別人可能會提出更多或是更進一步的要求，這些要求有時候會非常不合情理，有時候還甚至是挑剔、敵視的。答應這樣的要求會導致更嚴重的後果。也就是說，有的孩子會將自己的這種焦慮情緒壓抑到極限，一直到他們不能或是不想再壓抑的時候，最終會以攻擊性的方式表現出來，這樣只會對人際的交往造成不可彌補的損失。那些患有從不說『不』綜合症的孩子曲解了人際關係的平等原則，他們是把別人的「滿意」建立在了自己的「痛苦」之上的。

從不說『不』綜合症多出現在獨生子女身上，其形成有很多原因，其中不排除不正確的家庭教育方式、對人際關係的錯誤認知等，而自卑則是一個很重要的原因。出現從不說『不』綜合症的人，往往會感覺自己沒有足夠的吸引力，總是害怕惹別人生氣，進而壓抑自己情感的表達，總是把自己和別人放在不平等的位置上。

想要讓獨生子女學會拒絕，以下建議可供父母參考：

第一，營造民主的家庭氛圍。

這個條件是教導孩子學會拒絕的前提。家長們要明白，不管孩子有多大，他都是家庭中的一個成員，是一個獨立的人，絕對不能對孩子持獨斷專行的態度，而是要用商量的口吻向孩子表明自己的態度和想法，也要允許孩子把自己的意見、想法充分的表達出來，允許孩子對父母的想法和做法持否定意見。如果孩子意見正確，或在某些方面有一定道理，父母應該盡量接受。這樣既可以開發孩子的智慧，又可以培養其獨立能力和鍛鍊其意志。

第二，讓孩子學會獨立。

在日常生活中，只要是孩子自己可以做到的事情，就要鼓勵孩子自己單獨去做。父母沒有必要幫他完成。只有這樣做，孩子才能從日積月累的親身體驗中積累經驗、增長才幹，才會有能力對父母或他人的行為做出接受與拒絕的判斷。

第三，幫助孩子正確掌握自己的情緒。

父母要幫助孩子正確的掌握自己的情緒，明辨是非。父母所要教孩子學會的拒絕是一種經過大腦分析思考後的有意識行為，是對人、對事做出的理智判斷，它與孩子感情用事、耍脾氣或無端拒絕父母的合理要求是兩回事。

第四，商量是一種拒絕技巧。

拒絕別人有時候要和對方反覆的「耍嘴皮子」，直到對方認可為止。比如國強不想把遙控飛機給嘉偉玩，於是就抱著飛機跑掉，而這種行為的結果就可能是兩敗俱傷。與其這樣，還不如找一個理由，對嘉偉曉之以理，讓他心平氣和的接受。孩子的注意力一般會轉移得很快，只要這個「岔」打過去，哪還記得被拒絕的事？教導孩子以商量的口吻和別的小朋友對話，既可以巧妙的守住自己心愛的東西，又可以避免一場暴風雨。

七、讓孩子學會讚美和鼓勵

讚美和鼓勵是必不可少的交際禮儀，人類在本性上就是期望被讚美和鼓勵的。獨生子女長大後若想能很好的與人溝通，得體的表達自己的心聲，就有必要從小時候起學會讚美和鼓勵。

祐明是一個非常聰明的獨生子，而之亮是他關係很好的一個朋友，之亮遠沒有祐明聰明。

有一次，祐明要想用木塊搭建一座城堡。他的想法是要把城堡做得很大、很宏偉，因為這是他獨自一人無法完成的，所以便請之亮幫助。

可是，之亮的表現很不好，無論做什麼都笨手笨腳的，不僅幫不了祐明的忙，反而經常將已建好的部分弄壞。為此，祐明非常氣惱。

在之亮有一次不小心弄垮了一根柱子時，祐明大聲嚷嚷起來：「你怎麼這麼笨啊？我剛做好的柱子，就被你弄壞了！」

之亮非常傷心，他再也不願意幫未完工的城堡加一塊木塊。

沒有之亮的幫助，祐明當天完工的計畫只能擱淺。

吃飯時，祐明將這件事情告訴了父親。父親告訴祐明不應該那樣責怪別人，那只會讓自己失去別人的幫助。「雖然之亮有時不夠靈巧，但他本意是要幫你，你應該鼓勵他。」、「鼓勵一下，他就不笨拙了！」、「之亮之所以顯得笨手笨腳是因為他沒自信，你又大聲嚷嚷，他就更沒信心了。如果你能寬容他，並抓住時機誇獎他，他一定會做得很好的。」、「真的那麼有用嗎？」祐明還是不太相信。「當然啦！」父親笑道，「你以為你天生就聰明呀！還不都是因為我經常鼓勵和表揚你！」

父親這麼一說，祐明表示願意試一試。

第二天，祐明為昨天的粗魯行為向之亮道了歉，並向他表示以後不再那樣說他了。在修建城堡的過程中，祐明不時的對之亮的工作給予肯定，還常常誇獎他做得好。

事情正如祐明父親所說的那樣，之亮不僅不再笨手笨腳，而且還做得相當出色。

之亮回家後，祐明對父親說：「真沒想到，我也沒有做什麼，只是說了幾句表揚的話，之亮就像變了一個人似的。說實在的，他做得真棒！」

父親笑著對祐明說：「現在你明白表揚和鼓勵有多麼大的魔力了吧。兒子，你一定要明白這個道理，人都需要得到別人的肯定，有時僅僅為了得到他人的讚揚，他也會不遺餘力的工作。所以，在以後的生活中，你一定要學會不失時機時表揚他人、鼓勵他人，這種做法既對別人表示出你的尊重，也會使別人樂於幫助你。你想想看，說一句簡單的話便對人對已都有利，何樂而不為呢？」

從那以後，祐明再也沒有責怪批評別人，而是從內心尊重身邊的每一個人。而且，祐明不但尊重他人，也贏得了他人的尊重和幫助。

可以說，祐明的父親在教育孩子如何與人溝通方面稱得上是一個專家了。在人際交往中，讚美和鼓勵如果運用的得體，就會成為一種人與人之間密切的關係，一種消除隔閡、增加雙方親近感的奇妙「潤滑劑」。讚美和鼓勵能使別人獲得自尊心和榮譽感的滿足，從而有效的削弱抵觸與對立的情緒，同時增強了雙方的理解、信任和親近感。

鼓勵是沒有什麼壞處的，需要注意的是讚美，讚美雖然可以使人受到鼓舞，不斷的進取，但也能使人盲目自滿，固步自封。所以，對別人進行讚美的時候一定要講究技巧。要記住這樣一句名言：「讚美之詞是一把雙面刃，它能增進人際關係，剷除隔閡；也能刺傷對方的自尊心，破壞關係。」

那麼，父母怎樣才能讓獨生子女學會正確的讚美呢？

第一，讚美別人一定要真誠。

讚美絕不是虛偽的胡亂誇讚，也不可以用漫不經心的態度，一定要用認真誠懇的表情來讚美他人。如果別的同學把事情搞砸了，你的孩子卻「不失時機」的讚美道：「你做得真好，我想做還做不到那個樣子呢。」這個時候，讚美就變成一種諷刺了。不真誠的讚美往往會起反作用，不但不會使別人心裡舒暢，反倒會傷害別人。

實際上，真誠的讚美與虛偽的諂媚有著本質區別：前者看到和想到的是別人的美德，而後者則是想從別人那裡得到好處。只有真誠讚美別人的人才能真正得到別人的愛。

讚美有時候沒有必要去刻意的修飾，只要是源於生活，發自內心，真情流露，就會收到讚美的效果。

第二，一定要讚美事實。

讚美絕不是阿諛奉承。要教導孩子讚美別人不能毫無根據，只說：「你真是一個好人！」這樣的讚美毫無意義。所以，一定要讚美事情的本身，這樣對別人的讚美才可以避免尷尬、混淆或者偏袒的情況發生。比如，當父母帶孩子到朋友家做客，朋友準備了美味的飯菜，這時候，父母可以讓孩子這麼說：「阿姨做的飯真好吃。」而不要只是說：「阿姨，妳真好。」

第三，可以直接讚美。

以具體明確的語言、表情稱讚對方的行為。比如要讚揚同學的作文寫得非常好的話，就可以說：「你的作文寫得真好，我要是也有你那麼好的文筆就好了。」這樣的話語既平等又真實，充滿了羨慕，讓別人覺得很舒服。即使被讚美者自知自己的作文寫的並沒那麼好，也會對稱讚者平添一份友好的感情。而讚美長輩則應懷著敬佩、尊重、學習的心情。

第四，也可以間接讚美。

教孩子以眼神、動作、姿勢來讚美和鼓勵別人。一般的人對表情和動作的感覺遠遠超過對語言的感覺。有一些場合，人的表情在多數情況下是下意識的，發自內心的，其中所含的虛偽的成分很少甚至是完全沒有的。比如，可以用微笑、驚嘆、誇張的瞪大眼睛或是豎起大拇指表示對別人能力的傾慕和敬畏，這種方式是容易被對方接納的。另外，如果想讓孩子有讚美別人的習慣，父母首先要學會讚美孩子。

八、讓孩子遠離嫉妒心理

嫉妒心理是人類的一種普遍存在的心理狀態。在獨生子女群體中，這種現象尤為嚴重。獨生子女大多在家長們眾星捧月的環境中長大，很容易都染上了「嬌」與「驕」習性，他們見不得別人比自己做得好，也不願聽到誇獎別人的話，因此，他們便產生了嫉妒心理。

在與東西方合作進行的跨文化兒童心理比較研究中，研究人員發現中國的兒童在嫉妒測試中得分較高。對此，專家給出這樣的解釋，根據心理動力學理論，兒童的嫉妒最初大多是針對自己的兄弟姐妹，並在與兄弟姐妹的相處中會克服。中國的家庭大部分只有一個孩子，他們可能無法順利的學會克服自己的嫉妒心理。

科學研究也證明，嫉妒作為一種心理活動的產生是很早的。有人做過實驗，十五個月的孩子，如果媽媽當著他的面抱別的孩子，他就會有所反應，非要讓媽媽放下別人抱自己，並緊緊摟住媽媽，好像在說：「這是我的媽媽，不是你的。」

生活中我們也經常發現，好多種情況都能使孩子尤其是獨生子女產生嫉妒。比如，家裡來了別的小朋友，媽媽誇讚幾句或表現得親昵一些，自家的孩子就會嫉妒，對外來的小朋友採取不友好的態度。

如果別的小朋友有什麼好玩的玩具，自己沒有，心裡就會不好受。

兩個孩子玩遊戲本來好好的，一個孩子看到別人搭積木搭得又快又好，自己卻怎麼也搭不好，他很著急，索性把兩個人的積木全都推倒了，「我搭不好，你也別想搭成！」這就是孩子的想法。

如果我們細心觀察，這樣的例子很多。可見嫉妒在每個孩子身上，都有程度不同的反應。

孩子有一些嫉妒心理雖然可以理解，但這並不意味著父母可以採取聽之任之、放任不管的態度。因為孩子的嫉妒心理一旦嚴重化，就會演變為其人格的一部分。另一方面，孩子如果嫉妒心過強，也容易受外界的刺激，而產生諸多不良情緒，不僅影響學習進步，而且對身心的健康成長極為不利。

盧剛事件，現在的大多數父母或許已經淡忘，但這起事件的慘痛教訓卻值得我們深思。

盧剛在大學時學習成績一直是名列前茅。他於一九八六年赴美留學，據說他的博士資格考試成績創下了愛荷華大學的紀錄。就是這樣一位優秀的學生，他的行為卻讓人備感震驚。

一九九一年十一月一日下午，美國愛荷華大學的物理系大樓三樓的一間教室內，幾個教授和研究生正在進行有關天體物理的討論。三點三十分左右，一直參與討論的留學生盧剛突然從口袋裡掏出一把手槍，首先對準自己的導師戈爾咨開了一槍，戈爾咨教授應聲倒下，他又在教授腦後補了一槍；然後，他又不慌不忙的對準旁邊的博士研究生導師助理史密斯教授開了一槍，史密斯教授也倒在血泊裡。接著盧剛又把槍對準了自己的留學生同學山林華，只聽到「砰」的一聲槍響。當教室裡的其他同學被嚇得目瞪口呆、驚惶失措的時候，盧剛匆匆離開了教室，跑到系辦公室，一槍擊斃了系主任。然後又走進行政大樓，向副校長及辦公室內的學生祕書茜奧森開了數槍。最後的一聲槍響，他是對準自己的。

盧剛的這次行動，顯然是精心策劃的。然而他作案的動機，竟簡單得讓人難以置信。他認為戈爾咨教授在畢業論文答辯時有意刁難他，致使他沒有取得博士學位；另一個原因是，晚來一年的同學山林華不僅受到戈爾咨教授的青睞，而且比他還早拿到博士學位。最讓他嫉妒並難以容忍的是，山林華還得到了他渴望得到的競爭優秀論文榮譽獎的提名。

由此可見，嫉妒心理的確是一種破壞性極強的病態心理，如果不加以控制，就會對生活、人生、工作、事業都會產生消極的影響，正如培根所說：「嫉妒這惡魔總是在悄悄的毀掉人間的好東西。」

作為獨生子女的父母，一旦發現孩子有過強的嫉妒心理後，應及時進行疏導。可從以下幾方面努力：

第一，培養孩子分析思考問題的能力，使孩子的理智得到較好的發展。如果父母設法使自己的孩子養成分析問題、研究問題的習慣，孩子的情感就會不斷豐富，心理就會日趨成熟。

第二，教給孩子客觀的看待和分析問題的方法，使孩子能夠正確的認識自己，正確的對待別人。

第三，教育孩子要具有博大的胸懷，胸懷寬大之人絕不會輕易的去嫉妒別人。

第四，要增強孩子的競爭意識，使孩子在很強的對手面前、在困難當中、在挫敗之時，仍能以堅強的意志去頑強拚搏。

第三章　不要給孩子太多的負擔和苛求

一、不要把自己的願望強加給孩子

在現代獨生子女的家庭教育中，親子之間為何有那麼多的衝突？為何親子之間變得那麼不好理解和溝通？原因是多方面的，其中之一，就是不少的父母有這樣一種不健康的心態：因為只有一個孩子，於是很多父母就往往想將自己往昔失去的東西，透過自己唯一的孩子來補償、實現，把孩子當成自己生命的延續，強行要求孩子按照自己的意志生活、學習。父母越是不得志，對孩子的期望值就越高；父母越是壯志未酬，越是希望在孩子身上得到補償，老想把自己未實現的理想讓孩子去實現。

的確，由於現實生活中各種各樣的複雜情況和原因，不少人失去了很多東西。例如，有的人夢想很簡單，但是就因為種種原因而實現不了；有的人天賦很高，但是社會環境突然發生變化，自己的發展受到了阻礙，從此泯然眾人；有的人本來有某方面的潛能，但是由於缺乏專業人士的指點和培養，錯過了發展的「關鍵期」，最後只能是以遺憾告終……

於是，在這類人的潛意識裡，就深深的烙上了一個不容易解開的「結」，在娶妻生子以後，他們就總希望透過自己的孩子來實現自己在青少年時代沒有實現的夢想。父母的這種心情是可以理解的，但是不一定非要讓自己的孩子來實現。孩子能否實現自己的願望，還要看孩子的條件和素養。應該丟掉這種補償心理，保持一顆平常心。

孩子是自己的後代，但孩子也是獨立的個體，他有自己獨立的權利。他們的命運應該由他們自己來主宰。不要把孩子當成自己的私有財產和生命的延續，他有權選擇自己的興趣、愛好、專業和前途。做父母的要尊重孩子的獨立性，尊重孩子自己的選擇。讓孩子能充分的發展，而不是被別人設計好的框架限制住。

著名漫畫家蔡志忠先生教育孩子的信念是——讓孩子一輩子快樂的「當自己」。他認為，父母並不是孩子本身，憑什麼替孩子決定前途？尤其是聽從父母的意願而不是孩子內心的想法，這根本就是「本末倒置」。他認為孩子的快樂是金錢買不到的，童年也不會重來，強迫孩子學習不喜歡的才藝，那份痛苦會成為孩子心靈裡抹不去的陰影。對女兒的教養，蔡志忠先生採取的是順其自然、因材施教的辦法。他曾送給女兒這樣的一則小故事：有一棵小番茄樹苗，人們告訴它，只要努力，就可以長得很高，結的果實像西瓜一樣大，味道像香瓜一樣甜，並且還會像蘋果一樣有營養。小番茄樹苗很努力的吸取養分，很賣力的做體操運動。結果，它的果實仍然只是小小的番茄。最糟糕的是，現在小番茄樹苗不再認為自己是番茄樹，它甚至連一點自信心都沒有了。

蔡志忠說，他只要自己的女兒快樂的成為她自己，只要能夠健康的長大，別的什麼都不重要。對孩子抱有過高的期望，強迫他實現自己力所不能及的目標，不僅會讓孩子感覺到迷失，更會戕害他們的心靈，這實在是大錯特錯。

不要把自己的願望強加在孩子身上，而是要尊重孩子的獨立人格，留一個自由的空間給孩子，讓孩子按照自己的興趣自由成長。

父母應該知道，興趣是開啟事業成功之門的鑰匙，每個人都願意做自己感興趣的事，因為這能把潛能發揮得淋漓盡致。如果父母堅決反對，非要孩子按照自己的意志選擇生活，就往往會使孩子產生反叛心理，公然的與父母對抗，即使孩子勉強順從了，也會消極應付。此時，孩子的熱情和創造力都會受到抑制，客觀來說也會影響他們事業的成功。

父母們不妨想一想，古今中外成大事、立大業者，有幾個人的成功是由父母安排的？。

因此，請父母們善待孩子，尤其要善待那些為了獲得父母的愛而不斷努力卻又不能一下子甚至始終不能圓父母「望子成龍」之夢的孩子。每個孩子都是一個獨立的個體，他們有自己的尊嚴和人格，應該保有一定的自主性，而不再是父母生命的延續，父母無權設計他們的生活，他們也沒有必要去實現那些連父母自己年輕時都沒有實現的願望和夢想。

二、苛求完美——孩子無法承受之重

獨生子女的自尊心一般都比較強，如果家長總是對孩子表示不滿和批評，就會傷了孩子的自尊，使孩子失去自信。所以，下一次當你再想苛求孩子達到完美的時候，先想一下，這種苛求之所以不能實現是不是跟他們的年齡有關？十年後他們還會做不好嗎？如果你的答案是否定的，就別再嘮叨個沒完。記住：你和孩子之間的感情總比他是否考了一百分要重要得多。

來看這樣一則小故事：

從前，一個國王讓他手下的一位神箭手射箭，他對神箭手說：我這裡有三枝箭，只要你每根箭射中靶心，你就會得到一百兩金子，可是你如果有一箭射不中靶心，那你就得死。於是這個箭手懷著又激動又恐懼的心情，射出了前兩枝箭，而且都射中了。可是當他射出第三枝箭的時候，卻恰恰遠離了箭靶。於是神箭手被賜死了。

這個故事向我們揭示了這樣兩個道理：

其一、強迫、誘惑會使人偏離心靈成長的軌跡。

其二、完美的開始不一定有完美的結局。

現實生活中，有許多獨生子女的父母與上面這位國王類似，他們竭盡全力給孩子最好的教育，從孩子還在媽媽肚子裡時便設計出孩子將來的完美之路，而且付諸行動，讓胎兒聽音樂，讓胎兒欣賞大自然，讓胎兒多看牆上的俊男美女，讓胎兒聆聽好故事以陶冶情操，稱之為胎教。孩子出生後，從幼兒到童年，父母便實施最美好的藍圖。孩子剛牙牙學語時，就讓孩子背頌唐詩宋詞，再讓孩子學英文；孩子稍大點，剛能進幼稚園，就讓孩子學有所長，或繪畫，或練琴，或舞蹈，或下棋，或書法……條件好的或期望值高的父母，要求小小的孩子琴棋書畫樣樣都來。上小學後，為孩子報補習班，功課必須得好，一技之長也不能丟，還得學多門外語，還得精於數理，帶著孩子東奔名師西考檢定。父母矢志不渝，孩子疲於奔命。

在父母完美的苛求中成長的孩子，往往做事認真，成績超人，是父母和老師的驕傲。但是，進入青春期後，長期形成的完美習慣就會變本加厲，導致強迫症。有的孩子寫作業稍有塗改，就全部撕掉重做；答題速度越來越慢，一遍又一遍的反覆檢查，甚至考試時答不完題目；更有甚者，因為走在路上反覆數腳下的地磚而導致經常遲到。

青春期的孩子，不僅是生理上的發育階段，也是心理上的轉折階段。隨著青少年自我意識的發展，一些少男少女開始變得對自己不滿意了，無論身材、長相，還是學識能力，他們總覺得自己不如別人，希望能透過努力使自己在各方面都變得更好、更完美。父母完美主義式的教育，也促使孩子產生不現實的苛求完美的心理，使孩子對自我的價值心存疑惑，無論做得多麼好，他們都不相信自己，這種認知習慣一旦固定下來，就會形成惡性循環，最終導致一種強迫性人格的形成。

杜魯門當選美國總統後不久，有位記者前去採訪他的母親。記者說：「有哈瑞這樣的兒子，妳一定十分自豪」。杜魯門的母親贊同的說：「是這樣沒錯。不過我還有一個兒子，他同樣讓我自豪。」

「是哪位？」記者掏出筆準備大書特寫。

「噢！他在外面挖馬鈴薯呢。」母親深情的說。

杜魯門的母親真是一個好母親。

睿智的父母無論自己的孩子醜陋還是漂亮，平庸還是優異，都不會苛求孩子按自己或按世俗的願望成長，而是會根據孩子的特點加以引導，會讓孩子得到最大程度的快樂，同時得到最大程度的發展。也許我們培養不出杜魯門這樣傑出的兒子，但是我們可以做一個像杜魯門的母親一樣豁達而明智的父母。

三、過高的期望不見得是好事

逼子成龍，龍就會變成蟲。正像法國詩人海涅所言：「即使種下的是龍種，收獲的也可能是跳蚤。」所以說，千萬不要以「父母都是為你好」為理由去逼孩子。

「浩威，把電視關了，跟我到書房來，你看爸爸幫你買了一套小百科，內容很不錯哦！快來看。」

爸爸一下班回來，就催著正在看電視的兒子，一邊喊一邊進書房去了。電視裡的金剛戰士和大壞蛋正打得難分難解了，浩威根本沒聽到爸爸的話。

三分鐘之後，爸爸從書房出來，「啪！」的一聲把電視關了。

「爸爸，你怎麼這樣啊！」浩威真是快氣瘋了，本來他想衝到前面去打開電視，可是一抬頭看到爸爸那張臉，他知道大事又不妙了。

「爸爸專程跑到出版社去幫你買了一套小百科，大老遠的扛回來，你連看都不看，就只會看卡通，卡通有什麼好看？看卡通片以後考試會考一百分嗎？」

爸爸也快氣瘋了，他接著又說：「爸爸以前小時候都沒有這些書可以看，你真是身在福中不知福，我希望你將來比我好，所以……」

哇！慘了，爸爸又開始了，五歲的浩威雖然不能完全聽懂爸爸的話，爸爸常說的「一百分」是什麼東西？「身在福中不知福」又是什麼意思？聽起來好像繞口令。還有，爸爸為什麼老是說要我比他好？如果我比他好，是不是可以換我當爸爸呢？不過可以確定的是，他從爸爸說話的語氣和表情就知道爸爸在生氣。

以前爸爸一生氣，浩威就很害怕，現在看多了就不怎麼怕了。可是，他很不喜歡爸爸常買一些他看不懂或是他覺得不好看的書，因為爸爸只陪他看一下子，就會叫他自己看，他實在不知道那些書有什麼好看的，還不如金剛戰士、哆啦Ａ夢來得精彩。如果不看，爸爸又會生氣，只好偶爾去翻一翻，讓爸爸高興一下，還好爸爸很忙，沒有太多的時間管他，不然日子可就難過了！

「望子成龍，望女成鳳。」毫無疑問，絕大多數獨生子女的父母都希望自己的孩子能夠學到更多的東西，能夠在將來出人頭地。這本身無可厚非。

期望是一種有信心的等待，父母對孩子寄予期望，是一種信任，是孩子取得進步的動力，有利於孩子增強自信心、進取心。同時，如果孩子也愛戴父母，願意以實際行動取悅於父母，讓父母滿意，這就會促使孩子自覺的經常的將自己的實際表現與父母的期望聯繫起來，並努力達到平衡。

父母對孩子抱有期望，就不會放縱孩子或袖手旁觀，就會努力為孩子創造條件、及時督促，給予具體的幫助與指導，不斷激發孩子的上進心。父母的期望是一種積極的態度，對孩子來說是一種促使孩子努力向上的精神環境，屬於潛在的動力。而對孩子不抱有任何期望，則是一種不負責任的態度，客觀上對孩子起著壓抑的作用，這是不可取的。

但是，父母應該明白，如果對孩子期望過高，以至脫離孩子的能力，就不僅不會起到積極作用，反而很可能會毀掉孩子。原因在於若父母對孩子的期望太高，會造成孩子心理上很大的壓力，有的孩子會拚命的遵照父母的期待去努力，也許真的能使父母如願，可是父母的期待會越來越高，孩子就只有越追越辛苦了；另一種孩子則不管怎麼努力都做不到父母的要求，乾脆就半途而廢，最後因為和父母的期待相差得太遠，親子間的關係當然也就很難維持的好了；還有一種孩子，其實他可以達到父母的期望，但是因為父母的態度令他產生反感，所以他會為了反對而反對，故意不依父母期待的方向去走，這實在是可惜又可嘆。

父母希望孩子過得好，希望孩子幸福、富足和成功並不是錯事，但是標準要依孩子的實際情況而定。如果超過孩子能力範圍太多，使得孩子一生都在追求那個可望不可及的目標，讓彼此都過得很痛苦，那就太不應該了。

四、別把分數當成衡量孩子的唯一標準

獨生子女的父母，往往最看重的就是孩子的學習成績。下班回家後，他們對孩子說的話除了問成績之外，幾乎再也沒有別的了。只要成績好，孩子就好像一切都好；只要成績

不好，孩子的一切都不好。父母的這種思維方式和評價標準嚴重的影響到了獨生子女的健康成長，使他們背負了太重的學習壓力，尤其是那些學習成績不夠理想，或偶然在考試中失手的孩子，迫於大人的壓力往往不能正確的認識自己，從而導致自卑心理的產生。

在這種急功近利的惡劣環境中長大的孩子，往往胸無大志，缺乏理想，計較得失，甚至心懷仇恨，很難與他人友好相處。的確，如果父母只重視孩子的考試分數而忽視對他們道德品格的培養，將會給孩子的成長帶來不可忽視的負面影響。

一位正在上國三的孩子在他的日記中曾這樣寫道：

在很多父母看來，我的孩子只要成績好，就是老師眼裡的好學生，就會有高人一等的貴族血統。雖然這荒謬的理論沒有絲毫的正確性，但父母卻深信不疑，而我們與父母的隔閡往往就是在這裡產生的。

我們想利用假期去打工，父母就會說：「現在不是賺錢的時候，會影響學習」；我們要去郊遊，父母就會說：「沒辦法看書，一整天又荒廢了！」我們要去看電影，父母就會說：「現在的電影不適合國中生，別把時間耽誤了！」於是我們就藉口說去學習，父母這次就會說「乖！別分心，抓緊時間去吧！」但實際上，我們是去溜冰了。

這樣無奈的事實，能怪誰呢？父母和我們在同一個戰場裡，我們又怎麼忍心看他們為了我們的學習日漸憔悴。我們努力受到老師表揚，好讓父母高興。但我好想說：「爸爸媽媽，我不想丟掉手中的畫筆。」但我放棄了。為了父母的厚望，我放棄了許多夢想。於是，我與他們的溝通變少了，我的書本變多了，屬於我自己的時間幾乎沒有了。

直到有一天，我發現自己變得傻乎乎的，眼睛也模糊了，戴起了厚厚的眼鏡。我不願再做沉默的羔羊。我要為贏得自由而戰。隨著時間的推移，戰場被一條條深深的壕溝隔開了，這深深的壕溝，刻進了彼此的心裡。從此，兩代人便在這被壕溝隔開的同一片藍天下生活著，心卻離得越來越遠了。

這個孩子的日記是多麼的發人深省，又是多麼的讓人心酸啊！然而令人慶幸的是，生活中也有許多的父母並不「以成績論英雄」，他們善於發現孩子的優點，並鼓勵孩子將這些優點充分發揮，終於獲得了傲人的成績。

筆者曾經接觸過一位家長，由於他家孩子的數學成績差，所以經常被老師找來談話，可是這位家長卻說：

「我兒子雖然數學成績不是太好，但是他的作文卻寫得非常出色。主要原因是他除了大量閱讀之外，在日常生活中還注意細緻觀察。有一次，我帶兒子和他的同學一起到公園玩，我注意到在玩的過程中，我兒子所提的問題總是很多，觀察事物也非常仔細。

印尼發生海嘯，一直以為這是大人才應當關注的事情，從來沒有想到過跟孩子講這些新聞。直到有一天我和兒子的外婆聊天講起這件事，外婆問海嘯是怎麼回事時，我想也沒有想就說，誰知道啊，大概就是天災人禍吧。不料兒子馬上接話說，外婆，海嘯是因為在海裡面發生了地震造成的，然後便有理有據的為外婆仔細的做了解說。我驚奇於兒子對事情的觀察和思考能力。後來，兒子還寫了一篇關於海嘯的作文，在報紙上發表了，慢慢的，隨著學習興趣的提高，他的數學成績也變好了。」

這位父親的做法值得稱道，對父母來說，成績並不是最重要的，重要的是要看到孩子的閃光點。成績並不能代表一切，只能證明某一方面。而父母要培養的孩子也並不是考試機器，而是心智健全、善良美好的人。當孩子的心理承受力還很脆弱的時候，對於他身上優點、長處的發現和肯定，對孩子極其重要。所以，父母一定要把一種健康的觀念傳達給孩子，使他們健康快樂的成長，成為一個真正對社會有用的人。肯定孩子好的地方，他只會越來越好，而不會越來越壞。尤其對那些長期被單一的成績標準壓得喘不過氣來的孩子，這種肯定將會對他的一生都產生影響，他會獲得自信，他對自身和他人的判斷也會變得豐富、全面。

也許你的孩子將來不會有高薪職位，也不是所謂的「社會菁英」，但那又有什麼關係，社會就是由不同特點的人組成的，每個人都有自己的一方天地，他會開拓他自己的世界。一個人若有快樂安靜的人生，你就不能說他的人生是不富足的。而一個長期被認為一無是處的孩子，他的內心在受到粗暴踐踏的同時，會產生怎樣的扭曲？滋長怎樣危險的心理？那才是真正值得憂慮的。

五、讓孩子在家庭中感受到民主與和諧

獨生子女既不應該成為小皇帝、小公主，也不應該成為父母權威的犧牲品。父母應該努力給孩子營造一個良好的家庭氛圍，讓孩子在家庭中感受到民主與和諧。這包括：父母之間感情和諧，家庭氣氛融洽，給孩子足夠的溫暖和關心，給孩子必要的幫助和鼓勵；能夠設法了解孩子，能經常和孩子溝通，尊重孩子的人格和權益，給孩子適當的獨立和自由，鼓勵孩子發表自己的見解，要他學會怎樣解決自己的問題，讓孩子感受到家庭的責任。

民主和諧的家庭氛圍對孩子的成長起著不可估量的積極作用，在這種家庭氛圍中長大的孩子會充滿關愛、懂得合作，有較好的適應能力和自控能力，孩子的獨立性、積極性、創新精神和社會責任感也會得到最大程度的提高，孩子的性格會更加的活躍、開朗和外向。

那麼，什麼樣的家庭對孩子來說才算是民主和諧的家庭呢？

美國某學者在調查後總結了十條各國兒童對自己的父母和家庭的最重要的要求：

一、孩子在場，父母不要吵架。
二、平等的對待孩子。
三、不能對孩子失信或撒謊，說話要算數。
四、父母之間要謙讓，不要互相責難。
五、父母對孩子要關心，關係要親密。
六、孩子的朋友來做客時要真心歡迎。
七、對孩子不要忽冷忽熱，不要發脾氣。
八、家裡要尊老愛幼，重大事項決定前要徵求大家意見，家庭要民主。
九、家裡參加文化體育相關的活動，星期天至少玩半天。
十、父母有缺點，孩子也可以批評。

事實上，把上述十條要求簡單做一個總結，就是要為孩子創造一個輕鬆、和諧、民主和充滿愛的家庭環境。

在認識到孩子眼中的民主和諧的家庭是什麼樣子之後，父母接下來要做的就是清楚的掌握如何打造一個民主和諧的家庭。

第一，**父母要理解威信這兩個字的真正含義**。

子曰：「其身正，不令而行；其身不正，雖令不從。」父母應該認識到，父母和孩子之間應該是一種積極的、肯定的相互關係，而這種關係的基礎，是父母對孩子的尊重與孩子對父母的愛戴，不是訓斥與聽命、支配與服從的封建專制式的「威信」。

第二，**父母要充分尊重孩子的人格**。

父母應該給孩子足夠的自主權，維護孩子的自尊心。在教育孩子尊重父母，尊重他人的同時，父母也要尊重孩子，不要把孩子看成是自己的附屬品，而是應該把孩子當作一個獨立的個體，尊重孩子的人格。

第三，**父母之間要互敬互愛、互諒互讓**。

父母是孩子的第一任老師，一言一行對孩子有著潛移默化的影響。因此，父母之間要講求民主，即使發生矛盾或者摩擦時，雙方也要心平氣和的講道理，妥善處理，以身作則，要求孩子做到的自己要首先做到，不能當著孩子大吵大鬧或拳腳相向，不能用粗暴的方式解決問題。只有夫妻和睦，才能創造溫馨的家庭。

第四，父母要明確告訴孩子他所擁有的權利。

孩子作為一個獨立的個體，作為家庭一員，他應該擁有自己的權利，同時，也必須承擔一定的義務。因此，在孩子幼小時候，父母就應該明確的告訴他，他擁有哪些權利和必須承擔哪些義務。

六、對自己的孩子不要抱有成見

不可否認，獨生子女身上的缺點和毛病是比較多的，但這並不代表的父母就可以對孩子抱有成見，始終以一種不變的眼光看待孩子。要知道任何事物都充滿著不確定性，也都是隨時在變化的，孩子當然也不例外。

在現實生活中，有許多獨生子女的父母總喜歡在人前批評自己的孩子，以為這是在激勵孩子；也有的年輕父母，根本不管孩子是否在場，就隨便談論孩子的缺點，以為孩子年齡小，對大人所說的話聽不懂。殊不知，孩子雖然年齡小，但這些言語仍然會對他們造成巨大的傷害，往往在無意之間，父母就會打擊了孩子的自尊心、自信心、上進心等，進而對孩子的心理、學習造成很大的負面影響。

就像這兩個正在談論孩子的父親，一個羨慕的說：「你兒子才上國中一年級成績就這麼的優秀，真不簡單。」另一個謙虛的說：「不行啊，可差遠了，她的國語才考九十八分，數學也才九十七分，別人都拿雙滿分呢。」亞洲父母受東方傳統觀念的影響非常深，儘管心裡非常的驕傲，可總喜歡虛偽表示一下自己的謙虛。

可是父母或許不知道，對於單純的孩子來說，成人世界裡的這種「謙虛」他們並不明白，他們往往會把這種「謙虛」理解成父母對自己成績的不滿意，認為父母對自己有很高的期望值，這樣做的結果往往給孩子造成一些不必要的學習壓力，覺得不管自己有多麼的勤奮，父母都不會滿意，那麼在以後的學習中，或許就會因達不到父母的高標準而喪失學習信心和興趣。

除了這些，有些父母固守「謙虛使人進步，驕傲使人落後」的古訓，以為表揚了孩子，他就會驕傲自滿，不再像以前那樣努力了。殊不知，對於那些年齡不大的孩子來說，在取得成績後，讚美和肯定是他們最渴望得到的東西，有了讚美才有更強烈的學習興趣以及更高的學習積極性。

對於大人的言語和評價，孩子是特別敏感和在意的，孩子的心靈是很脆弱的，經不起一次次的斥責和失意。對於孩子的這些心理，有很多家長都不知道。因此，孩子在場，不要談孩子的缺點；不要拿孩子的弱點說長道短，更不要對孩子有成見，否則，一個失去了自尊心、自信心的孩子將很難健康成長。

獨生子女的父母往往對自己的孩子不放心，過於低估孩子的承受能力，他們覺得孩子

六、對自己的孩子不要抱有成見

太軟弱，根本沒有辦法應付生活中的現實問題。這種成見慢慢的會使孩子形成對自己的錯誤認識，認為自己沒有能力應付一切。這對孩子以後的人生是有百害而無一利的，身為家長應當慎之又慎。

也有一些父母總認為自己對孩子十分了解，對孩子的所作所為一清二楚。家裡的什麼東西壞了，一定是這頑皮鬼幹的；隔壁的阿姨來敲門，肯定是孩子在外面做錯事了……這種父母的神機妙算，實際上是親子溝通的最大「殺手」。

來看這樣一個小故事：

一個孩子有隻小白羊，他總是獨自一人牽著羊去山坡上玩耍，每當他看到心愛的羊吃著山上的嫩草時就感到愉快。在孩子幼小的心靈中，那隻羊已成了他最好的朋友，他把自己聽來的故事和幻想都講給羊聽。他覺得和羊一起在山坡上晒太陽是最幸福的事。

可是有一天，在陽光的照耀下，孩子躺在山坡上睡著了。醒來時卻發現羊不見了。

天快黑了，他趕緊跑回家把這件事告訴父親，請他來幫忙找羊。可沒有想到，當父親聽說羊不見之後，二話不說就舉起棍子打得孩子鼻青臉腫。

「我只有這隻羊，不找到牠就永遠別回來……」說完，父親就把他推出了門外。

孩子感到傷心極了。他一個人在黑暗的山上奔跑，他始終想不明白父親為什麼要這麼狠心的揍他，他自言自語的說：「我並不是故意丟失小羊的啊，小白羊是我最好的朋友，牠失蹤不見了，我也一樣非常的傷心難過啊。父親因為我弄丟了他的羊，就不再讓我回家，難道羊比我更重要？」

沒過多久，孩子抬頭看到不遠處有一個白色物體，於是他悄悄的走近，看到的正是他丟失的那隻小白羊在快樂的吃著嫩草呢。可是受到父親粗暴對待的孩子，這時卻一反常態，不是像以前那樣高興的跑過去輕輕的抱起這隻小羊，而是舉起了身邊的一塊大石頭，哭著對小羊說：「都是因為你，讓我挨了打，因為你，父親才會這樣對我。」孩子邊哭著說，邊將石頭使勁的向小羊的身上砸了過去。

人們第二天在山坡的岩石後發現了這隻已經死去的小白羊，而那孩子後來再也也沒有回家。

可以想像得出，那個孩子心裡是多麼的痛苦，要不然他就不會親手殺了自己最心愛的朋友。

由於父母對孩子存有成見，以致於用粗暴和專制的方式對待孩子，這在孩子身上留下的陰影將永遠無法磨滅，這種陰影會讓一個本來善良的孩子變成兇殘的魔鬼。所以，身為父母，想要使孩子得到更好的發展，就不要對孩子抱有成見和盲目責怪孩子。

不要認定他生來就是這樣，教育孩子沒有什麼必然的模式，只有教不好的父母，沒有學不好的孩子，父母最重要的是多理解孩子，遇到事情多進行換位思考，不要用有色眼鏡看待孩子，每個孩子都是好孩子。父母應使孩子在這個快樂的天堂裡自由自在的成長。不要對孩子抱有成見，這只會使孩子反感。

七、不要對孩子惡語相向

好話與壞話其實都可以是正確的話，但因為虛榮心的驅使，人們大多願意聽好話，而反感別人對自己惡語相向，即使這個壞話是正確的、很有道理的。退一步講，即使他們表面接受了，心裡也會對你有敵意。

孩子也有這種心理，當然，他不大可能對你產生敵意，但反感則是一定會有的。事實上，更為嚴重的後果是，有些孩子會因為父母的惡語相向而產生自暴自棄的心理。

王女士的女兒今年上高二，學習成績在班上屬於中下水準，平時喜歡和男同學一起玩，經常出入網咖、撞球館等娛樂場所，成績一路下滑，為此王女士一籌莫展。

一次家長會後，班主任點名批評了王女士的女兒，暗示王女士的女兒不注意男女關係，學習也不努力。回家之後，王女士對女兒大發雷霆，罵女兒不要臉，甚至對女兒說這樣的話，「考不上大學你就出去當小姐」。

這件事過去不久，一天，王女士接到派出所的通知，原來王女士的女兒因賣淫被派出所逮捕，她的女兒真的去當了小姐！當王女士含著眼淚去探望女兒時，女兒的目光非常冷漠，冷笑著對王女士說：「妳說的沒錯，我就應該出來當小姐，這下子妳滿意了吧！」王女士聽了女兒這番話欲哭無淚，後悔當初自說出那樣的話，如今悔之晚矣。

在這個事例當中，王女士因為對女兒失望而對女兒惡語相向，使女兒的心靈受到了沉重的打擊，索性一錯到底，做出極端的事。王女士沒有想到自己的一些話傷害了女兒，繼而毀了女兒一生。這一切都是因為王女士口無遮攔，對自己的女兒惡語相向所致。

當孩子做錯事情時，父母最常犯的一個錯誤就是對孩子惡語相向。孩子做錯事，父母生氣是很正常的事情，因此而批評孩子也無可厚非，但最好不要惡言惡語的打罵孩子，這會對孩子造成很嚴重的傷害。會嚴重的傷害孩子的自信心，破壞與孩子之間的關係，孩子會覺得自己不受尊重。

從另一個角度講，教育需要言傳也需要身教，一個出口成「髒」的家長，是絕對不會教出一個言語有禮的孩子的。家長惡語相向，孩子也會變得粗暴，言語也會逐漸變得惡毒，這不利於孩子良好性格的形成。

七、不要對孩子惡語相向

父母對孩子惡語相向，最嚴重的後果是，當孩子對父母的話無動於衷甚至自暴自棄時，教育作用就變得微乎其微了，一些孩子還會產生強烈的叛逆情緒，索性與家長的期望背道而馳，處處與家長作對，做出一些不理智甚至是違犯法律的荒唐事。

所以，父母一定要十分注意自己的言語，不要對孩子惡語相向。萬一不小心說了一些不該說的話，一定要及時給孩子道歉，真誠的道歉是可以化解矛盾的，也可以避免傷害孩子。

此外，有一點需要注意，父母在批評孩子時，千萬不要罵孩子「笨」，這雖然算不上是惡語，但也能對孩子造成很深的負面影響。

孩子最愛自己的父母，也最崇敬自己的父母。父母對孩子的讚揚和肯定可以激發孩子的自信；父母對孩子的奚落和否定則會摧毀孩子的自信。父母隨口說出自己孩子「笨」，儘管說過以後可能就淡忘了，可孩子卻會記住了「笨」這個詞。他會感到羞辱與難受，以後很可能對任何事情都會表現出畏難情緒，因此而產生自卑心理。孩子心靈受到的傷害，往往要比體罰所帶來傷害還嚴重。

所以說，父母對孩子必須忌用「笨」、「不爭氣」等輕視、諷刺、侮辱孩子的話語。而是要用「你可以的」、「真棒」等熱情、善意、激勵的語言去調動孩子的積極性，幫助孩子樹立自尊、自信。當孩子付出了努力，一時還不能達到目的時，父母要給孩子勇氣，鼓勵他繼續堅持，相信他一定會成功，同時要引導他找出克服困難的辦法，提高他解決問題的能力。

總之，父母在教育孩子時，要講究教育的藝術性，並注重提高自身的素養。

八、允許你的孩子犯錯

在獨生子女的成長過程中，由於年齡小，生理、心理上都不成熟，加上沒有經驗，所以很難避免犯錯。

父母應該知道，孩子成長的過程本身就是親歷社會的過程，是在一次又一次克服犯錯的基礎上逐步走向成熟的過程。讓孩子從消極的經歷中，獲得積極的認知，從錯誤中吸取經驗，這樣孩子才能得以迅速成長。犯錯的經歷不是孩子成長的包袱，而是孩子成長的財富。

當然，我們並不是主張父母對孩子的錯誤視若無睹，而是說，父母應該允許孩子犯錯，孩子犯錯以後，不應該只想著怎樣批評孩子，相反的，在有些情況下，父母如果能嘗試著以寬廣的胸懷去包容孩子，那麼孩子就有勇氣去承認錯誤，改正錯誤。

大教育家陶行知先生在當校長時，發生過這樣一件事：

一次，陶行知先生在校園裡看到學生友諒用泥塊都自己班上的男童學，陶行知當即喝止了他，並讓他放學後到自己的辦公室去。

放學後，友諒早早就站在校長室門口準備挨罵。陶行知走了過來，一見面卻掏出一塊糖果送給友諒，並說：「這是獎勵你的，因為你按時來到這裡，而我卻遲到了。」

友諒驚愕的接過糖果。隨後，陶行知又掏出另一塊糖果放到他手裡並說：「這第二塊糖果也是獎勵你的，因為當我讓你不要再打人時，你立即就住手了，這說明你很尊重我，我應該獎勵你。」

友諒更加驚愕了，他眼睛瞪得大大的，不知道校長想做什麼。

陶行知又掏出第三塊糖果放到友諒手裡：「我調查過了，你用泥塊砸那些男生，是因為他們不守遊戲規則，欺負女生；你砸他們，證明你很正直善良，而且有跟壞人鬥爭的勇氣，所以我應該獎勵你啊！」

友諒感動極了，他流著淚後悔的喊道：「陶……陶校長，你打我兩下吧！我砸的不是壞人，而是自己的同學呀……」

陶行知聽了友諒的話，滿意的笑了，隨即他掏出第四塊糖果遞給友諒並說：「為了慶賀你能正確的認識到自己的錯誤，我再獎勵給你一塊糖果，只可惜我只剩這一塊糖果了。

我的糖果發完了，我看我們的談話也該結束了吧！」

陶行知校長的教育方法實在太高明了！他用以獎代罰的方法觸動了孩子的心靈。「親其師，善其道。」當一個孩子被父母或老師用寬闊的胸懷所包容時，他內心產生的是深深的感激和強烈的震憾，那將會使他終身難忘。在這種情況下，不必「批評」、不必「指責」，孩子自己就已經心悅誠服的知錯了。

事實上，在現行的教育體制下，陶行知先生「包容學生」的教育思想已得到了廣泛傳播和弘揚。

有另一所學校的校長就提出了「無錯原則」的教育思想。他要求每個老師都認識到，學生是正在成長的尚不成熟的個體，要以合理的態度對待學生在學習中可能出現的各種錯誤，要從長遠發展的角度發現和理解這些「錯誤」的某個方面的價值。要允許、容忍學生的錯誤，將重點擺在弄清出現錯誤的原因與改進上。為此，這位校長提出，在課堂上「不讓敢於發言的學生帶著遺憾坐下」、「讓每個積極發言的同學都畫上滿意的句號」。

在這所學校，許多老師合理的運用了「無錯原則」，只要學生思考了，無論答案如何，都不加以批評。這樣就使得學生在課堂的學習活動中有安全感，減輕了心理負擔，敢於發表自己的見解。對於說錯的同學，這所學校的老師不會生硬的命令一句：「坐下！」而是會問別的同學：「還有不同的意見嗎？」經過大家討論後再問這個同學：「你同意這個意見嗎？」或「你能再說一遍嗎？」給孩子改正的機會。課堂上老師評價學生時，也一改過去挑學生錯誤的作法，而是改為先看優點，再提不是，並且在肯定優點的基礎上，使用「如果能……就更好」等語言。

「無錯原則」極大的調動了該校學生和孩子的積極性。如今，這所學校成為全市最熱門的小學之一。父母都希望自己的孩子在這樣的教育環境中成長。

事實上，學校教育與家庭教育有著很多的相通之處，「無錯原則」在家庭教育中有著同樣不可忽視的作用，在面對犯錯的孩子，父母不妨試一試這種做法，或許能收到讓你意想不到的效果。

當然，父母不一定什麼事都要以獎代罰，但是一定要謹記，多去包容孩子，給孩子自我反省的機會，這不僅有利於培養孩子的完美人格，使他們以健康的心態去面對挫折，而且有益於加深親子間的交流。

第四章　不要做孩子的奴隸，也不要讓孩子做自己的奴隸

一、過分愛護其實就是一種奴役

在獨生子女成長的道路上，存在著一個愛的陷阱，這就是父母對他們的過分愛護，掉進這個陷阱的孩子由於被剝奪了嘗試和奮鬥的機會，從而也失去了健康成長的可能。

一位母親為她的孩子操透了心，她不得不去找青少年問題專家諮詢。

專家問，孩子學綁鞋帶的時候打了一個死結，您是不是不再給他買有鞋帶的鞋了？母親點了點頭。專家又問，孩子第一次洗碗弄溼了衣服，您是不是不再讓他走近洗碗槽？母親又點頭。專家接著說，孩子第一次整理自己的床用了一個小時，您嫌他笨手笨腳對嗎？

這位母親驚訝的從椅子上站起來，湊近專家問：「您怎麼知道的？」

專家說：「從那綁鞋帶一事知道的。」

母親問：「以後我該怎麼辦？」

專家說：「當他生病的時候，您最好帶他去醫院；他要結婚的時候，您最好給他準備好房子；他沒錢時，您最好給他送去。這是您今後最好的選擇，別的，我也無能為力。」

再來看一則真實事例：在國內某大學，曾經發生過這樣一件事，一位即將畢業的物理系高材生，因成績出類拔萃，被學校選拔到美國某知名大學深造。誰知該大學生卻一口回絕，說什麼也不願出國。拒絕的原因說來令人難以置信：他不會洗衣服、不會買東西、不會煮飯、不懂得與別人交往，也就是說，他根本無法獨立生活。大學四年中，他的衣服都是媽媽定期到學校取回去清洗的。

很顯然，上文中不會綁鞋帶的孩子和不願留學的大學生是在其父母的過分保護下成長起來的。所謂的過分保護，是指父母親對獨生子女的一切都包辦代替，像老母雞護著小雞一樣，始終將子女護在自己的羽翼之下，他們不捨得讓孩子做力所能及的事情。

生活中，還有一些父母，他們出於望子成龍之心，將子女的活動範圍完全限制在自己的視線之內，在某些地方，他們對子女實行了直接、甚至完全的控制，用各種清規戒律來約束孩子的意志與行動，沒完沒了的糾正和指責，生怕孩子越雷池一步。殊不知，這種過分保護做法將嚴重干擾孩子身心的正常發展，產生極其惡劣的後果。一方面過分保護會使孩子失去鍛鍊、成長機會，另一方面過分保護也會使孩子感到能力缺乏，進而對自己失去信心。

獨生子女需要一定的空間去成長，去試驗自己的能力，去學會如何應付危險的局勢。作為父母，不要為孩子做任何他自己可以做的事。如果父母過多的這樣做，就會剝奪掉孩子鍛鍊發展自己的機會，也剝奪了他的自立能力的形成和自信心的建立。

明智的父母應當鼓勵孩子的自信心，讓孩子根據自己的條件，盡量的培養自理能力，發揮自己的潛能，使自信心隨著能力成長。

一位國三的學生曾給媽媽寫過一封信，信中說：

媽媽，您為了讓我一心一意的學習，平時什麼活都不讓我做。每到節假日，我總想幫您做點家務，但您卻說：「不用你做，你只要努力學習，就算幫了媽媽的忙了。」一個星期天，您從街上買菜回來，我高興的想幫您洗菜，您卻說：「你放下吧！下星期的測驗多考幾分就行了。」

我心裡明白，您這是責怪我這次考試名次沒有排在前面。我扔下菜，跑回自己的房裡傷心的哭了。媽媽，您對女兒學習生活的關心照顧是「無微不至」的，然而，您知道嗎？您的女兒多麼想求得您的理解，多麼希望您不再像保姆似的「關照」我「代替」我，而是像舵手一樣用您那豐富的生活經驗為我指引航向，讓我在大千世界的海洋裡奮鬥、成長。

這位女孩的肺腑之言，說出了許許多多孩子的心裡話。

過分的愛護對孩子的成長有百害而無一利，正像歌中所唱：不經歷風雨，怎麼見彩虹，父母應該適當的放開雙手，讓孩子去經風雨、見彩虹，不要一直把孩子困在自己的羽翼之下。

二、別讓孩子成為父母虛榮心的犧牲品

社會上，有一些父母喜歡把子女的學習成績、事業和婚姻作為一種互相爭面子的工具，或許他們沒意識到，這時子女已經成為他們虛榮心的犧牲品了。

孩子考試沒考好，你覺得是讓你丟了面子，便拳腳相向；孩子沒考上大學，更讓你丟了面子，於是冷眼相待；孩子拿了好成績或考上了大學，是給你臉上抹了金，於是到處炫耀，把孩子的一切和自己的榮譽連在了一起。把考高分的孩子當成往自己臉上貼金的招牌，把有缺點的孩子看成是自己的恥辱，把有特長的孩子當成自己的搖錢樹，這一切是為什麼呢？

這都是父母的虛榮心在作祟！是對孩子的極度不負責任的做法。

父母的虛榮心除了能給自己一點面子外，能給孩子帶來什麼呢？或許有很多父母還固執的認為，自己雖然有虛榮心，但畢竟也是為了孩子好啊！殊不知，這種想法是大錯特錯的，正如一位名人所言：「虛榮心很難說是一種惡行，然而一切惡行都圍繞虛榮心而生，都不過是滿足虛榮心的手段。」

為了能增強說服力，我們來看幾則因為父母的虛榮心而引起的悲劇。

事例一：一位單身母親，為了光宗耀祖，不顧女兒的強烈反對，毅然將剛剛考上大學

的女兒送往英國留學。從小嬌生慣養、沒有任何生活能力的女兒難耐異國他鄉的孤苦，一味的抵觸母親，最終竟採用了報復的手段——和一位小她幾歲的男孩戀愛同居，最終導致懷孕。

最後為了籌集做流產手術的經費，她竟和男孩在國外策劃製造了一起「奪命劫財」的驚天大案。這個女孩在被判處死刑前，對律師說，「如果不是我媽當初逼著我去留學，我就不可能有今天的結局，我恨死她了……」

事例二：一位母親聽信了留學仲介天花亂墜的吹捧，把國外當成了沒有任何壓力的「天堂」，毅然以陪讀的身分和才上國中的女兒共赴新加坡。誰知道，幼小的女兒根本無法適應新加坡的英語教學，逐漸生厭學心理。而這位母親也沒有像當初仲介承諾的那樣找到合適的工作，每天不但要在惡劣的環境中連續工作十幾個小時，而且根本無法照顧女兒。

事例三：在農村地區有一個女生，學習成績特別好，物理、數學、化學都能考滿分，指考之前，她被列為保送生，可以直接進該市國立大學。但是，她的父母非讓她報考全國頂尖大學不可，她不想去，可父母逼著她去，要她為祖宗增光。她違心的去了那所大學。在入學後的考試中，她的成績只列為第十八名。這樣的結果令她這位農村的「永久狀元」不能承受！結果，等母親走後，她就跳樓自殺了。媽媽聞訊再次趕回學校，哭乾了眼淚，一聲一聲的哭喊著：「是我害了我的女兒！我當初若不逼她，也不至於到這個地步啊！」

很多父母尤其是獨生子女的父母往往喜歡把孩子當成工具，為了自己一點可憐的虛榮心，一味的要求、強迫孩子按自己的意願去行事。殊不知，如此不尊重孩子的行為會對孩子心靈造成一種嚴重的摧殘。

作為父母，我們應該始終記得自己的角色：孩子的生命是為了本身的目的而存在，父母只是陪著孩子走一段路程而已。所以，父母應該丟掉虛榮心，努力的去做孩子的知心朋友，陪孩子走一程。而不是喧賓奪主，把「陪」變成了「替」，把「配角」當成了「主角」。

三、打不是親，罵也不是愛

「打是親，罵是愛，不打不罵把娃害！」這是傳統教育中最為流傳的一條法則。直到現在，有很多獨生子女的父母仍舊把其當作教育孩子的法寶。

這實在是大錯特錯！

要知道，在孩子心目中最具信服力的家長，並不是那些動輒打罵者。你可以用拳頭脅迫他們點頭，但卻永遠無法使他們的心靈為之打開。你打得越狠、罵得越難聽，他們的心門也關得越嚴，越不信服你，越會反抗頂撞你。只有那些真正講道理，肯包容的家長才會使孩子信任並且佩服，引以為傲，才會使孩子從心底裡聽從自己的話，誠心的改正自己的錯誤，這才是真正的教育。

恐懼是最容易把人摧毀的，這是全世界心理學家的共識。當一個人絕望的時候，最需要的是親人的包容。父母永遠是孩子心中最後的底線。父母能包容孩子，孩子就有膽識直面錯誤，有膽識改正錯誤，有膽識嘗試新事物。而所謂的打罵教育是傳統專制家庭制度的殘留物，會對青少年身心造成嚴重摧殘。打罵教育，也是一種畸形的家庭教育方式，不僅不會使孩子成才，而且還有可能釀成家庭悲劇。英國著名的哲學家和教育思想家約翰・洛克早在三百年前就提出：要尊重孩子，要精心愛護和培養孩子的榮譽感和自尊心，反對打罵孩子。他斷言：「打罵式的管教，其所養成的只會是『奴隸式』的孩子。」

望子成龍、望女成鳳，是父母們的普遍願望。但是，由於他們的教育「失重」且「失度」，有意或無意中採取了打罵的教育方式，結果事與願違，出現了不少讓人觸目驚心的家庭悲劇。

二〇〇六年，一名十七歲的高中生因不滿父親的打罵，用老鼠藥毒死了父親。這名高中生從小在父親的打罵中長大，儘管他的成績在班上名列前茅，還寫得一手好字，但仍逃脫不了父親三天兩頭的毒打。一次，他因期中考試未取得父親所規定的成績，而被父親用鋼條毒打了一個多小時，連拇指粗的鋼條也被打變彎。但第二天早晨，父親還餘怒未消，隨手拿起放在桌上的菜刀對正在吃早餐的兒子咆哮：「若再拿考那麼差的成績單見我，我就殺了你！」十七歲的兒子被嚇得抓起書包跑出了家門。這一次他從靈魂深處感到恐懼，並且想到了報復。當天，他就買了一瓶老鼠藥藏在床下，想要「警告」一下父親，正當他猶豫不決該不該實行自己的報復計畫時，又一次的毒打使他下定了決心。一天晚上，他早早回到家裡，為父母做好了飯菜，但父親只吃了幾口就栽倒在飯桌上，母親也昏迷不醒……最後，母親因搶救及時保住了性命，而父親卻永遠的閉上了雙眼，兒子也因涉嫌故意殺人罪而被判死刑緩期兩年執行。

多麼慘痛的經歷！多麼慘痛的教訓！孩子需要的是教育而不是打罵，打罵或許能夠糾正孩子的行為，使孩子聽話順從，但卻是以摧毀孩子的靈魂，破壞他的自信為代價的，這不是教育，而是摧殘。

再來看一則事例，報紙上曾經刊登過一位成績被「打」好的孩子的信。原文如下：

我是一所明星高中的學生，在十幾年求學生涯中一直是成績頂尖的學生，但卻不是一個幸福的孩子。上小學時，父母就規定我的名次不能低於前三名，否則就要挨打。有一次，考了第八名，回到家裡，媽媽二話不說上來就是一巴掌。那天我挨的巴掌至今我還記得，想起來就心痛。我是在棍棒下長大的孩子，棍棒下的孩子確實也會有好的成績，我的成績一直在班裡名列前茅，但我不能理解的是，考了第一名，父母也從來不會由衷的表揚我，總是給我潑冷水，為的是不讓我驕傲。我總不能次次考第一啊，要是考了第二還要挨打，一年四次考試起碼挨三次打，還不算平時的小打。現在我已經上高二了，還沒有得到應有的尊嚴。

父母幾乎天天翻我的書包，說是怕我學壞。每次翻我書包時，我都有小偷在被警察審查的感覺，真是可怕極了。

今天又和媽媽吵架了，原因很簡單，她要求我先做物理作業，我先做了英語，結果媽媽一邊打我的耳光，一邊狠狠的罵我。我畢竟是一個十七歲的少女了，她這麼一邊打一邊罵我，聲音大得整棟樓都聽得見。我只能保護我僅有的一點尊嚴，求她別再罵我了。她卻說：「我養你十幾年，給你吃給你穿還供你上學，罵你怎麼還不行啊？！」媽媽說完又用皮帶打我，我的手和胳膊都被打腫了，臉上全是巴掌印，我實在忍無可忍最後搶下她的皮帶，她又狠狠的踢了我一腳，說了句：「真後悔不該生你這個畜生！」就在她說這句話時，我突然彷彿聽見了玻璃破碎的聲音，我僅有的一點尊嚴也被她徹底剝奪了，我當時大聲吼了起來：「對，我是畜生，不要妳管我好嗎？！」她呆了，她萬萬沒有想到，我會如此強烈的反抗她。也就在這一瞬間，我決定了：「我要退學！」我不能再讓那可惡的成績壓死我，即使我能考上大學，我也不想考了，我要自謀生路。

也許我的選擇是錯誤的，但我絕不後悔，我要走自己的路，我要爭回做人的最基本的尊嚴……

讀了這位女高中生的信後，相信所有的人都會感到震撼。當她媽媽罵那句「畜生」的時候，孩子為什麼會聽見玻璃破碎的聲音呢？孩子的心是玻璃做的……

最痛應該是心碎之時，當孩子反抗得最強烈的時候，也是心碎的時候。那些被打罵的孩子，隨著年齡的增長，雖然已看不到他們身體上挨打的傷痕。但在他們的內心，仍然保留著幼年時挨打的痕跡，其後果是造成對自己沒有信心、莫名的內疚，這種內疚會有不同的表現：性格有攻擊性，跟人相處困難，或工作不負責任等等。

這種幼年遭受打罵所造成的人生不自信，不僅會嚴重傷害孩子的身心，還會直接限制孩子個性的發展，阻礙了孩子特長的發揮，很大程度的影響孩子未來的事業成功。

四、讓孩子帶著祕密成長

兒童文學家冰心曾說過這樣一段話：讓孩子像野花一樣自然生長！

而有一位網友則用精彩的描述引伸了這句話的意義：野花應當長在野地裡，所以為孩子創造一片「野地」是最為重要的！

那麼，如何理解這個「野地」呢？所謂的野地就是自由的成長空間、民主的空間、信任的空間，允許孩子有自己的祕密。教育要自然和諧，也就是遵循規律，允許帶著祕密成長就是幫助孩子成長的一個規律。

在對獨生子女的家庭教育中，有不少的父母出於對孩子的關心，對於孩子所有的事情都要了解、都要干預，有時還會不顧孩子的切身感受，強行了解孩子的祕密，給孩子造成了極大的心理傷害。這是很不合適的，因為孩子雖然小但畢竟是個人，是人就會有人格和尊嚴。不管是誰，都應該尊重別人的最起碼人格和尊嚴，也包括自己孩子在內。

獨生子女往往在很小的時候就已經有了自己的思維方法，已經開始有了思想，他們心中有一些祕而不宣的東西，並不喜歡他人知道，更不願意別人干涉，隨著年齡的增長，這種感受變得越來越強烈。做父母的要尊重孩子的這些隱密，不要去追問他們。當孩子認為這些「祕密」需要他人了解的時候，會告訴父母和他人的。如果父母一味的刨根問底，甚至做出有傷孩子心理意願的事情，那孩子一定會十分傷心。他可能會認為自己在家中沒有地位，沒有得到應有的重視，而放棄對美好事業的追求，心灰意冷，喪失不斷進取的積極性。

有一位媽媽偷看了上國中的女兒的日記，看了以後大發雷霆，因為她發現女兒在日記裡寫了她的性幻想。她對女兒狠狠的說：「妳真不要臉，這麼小的年紀就想到這些東西，丟死人了！」最後，這位母親還說要把女兒的日記告訴老師、同學。女兒感到十分憤怒，和她媽媽爭辯，可是這位母親怎麼也不道歉，而且執意要告訴學校。結果女兒被逼無奈，離家出走，從此杳無音訊。這位母親的做法是錯誤且愚昧。錯在哪裡？第一，她侵犯了孩子的隱私，孩子的隱私權是不能侵犯的，隱私就是她不願意告訴別人的事情；第二，她不但偷看了女兒的日記，而且還揚言把日記的內容告訴老師，這就犯了第二個錯誤，把女兒的隱私告知別人，那更是錯上加錯了。

孩子心中的「祕密」五花八門：有的「祕密」是暫時的，他們想讓父母或別人在他們的成績面前感到驚訝。但有些「祕密」則是比較長久的，是深藏在孩子內心深處的。比如，有個叫牧瑜的小女孩，她對後母存有戒心，她很愛自己的生母，對生母的感情很深，她在自己的小盒子裡珍藏著媽媽的照片和禮物。這種「祕密」是藏在內心深處的，不輕易暴露，只有細心觀察才能感覺得到。對於這種事情不要急於追問或動輒打罵，這無益於孩子心理意願的轉化。這樣的孩子需要用行動和情感去感化。當牧瑜經過若干事情，真正體會到後母對自己的一片深情後，也就自然的吐露了心中的「祕密」。孩子心中的「祕密」也可能會有不夠健康的東西，這更需要父母尊重孩子的「祕密」，更多的去關心和理解他們，更多的進行正面教育。這樣，孩子才會自覺的接受父母的批評，並心悅誠服的改正。

那麼作為父母，怎麼才能做到相信孩子，並讓其帶著祕密健康成長呢？

一位教育專家給出了自己的建議：

作為獨生子女的父母，應該給孩子一個獨立的空間。如果家庭有條件的話，可以給孩子一間獨立的房間，或者給孩子一個只有他自己才能開啟的抽屜，允許孩子有一個較自由、安全的空間，並讓孩子知道，父母相信他，不會破壞屬於他自己的空間，這樣能讓孩子在家裡找到一個有安全感的地方，不至於向外尋求安全感，從而遠離家庭，遠離父母。

父母應該以身作則。父母之間可以有一些小祕密，互相尊重對方的隱私，不要互相指責、猜疑。必要的時候，把自己的祕密拿出來和孩子分享，聽聽孩子的意見。

父母千萬不要打擊孩子。即使知道了孩子的祕密，也不要像抓住小辮子一樣對孩子進行打擊、批評，要像幫助朋友一樣幫助孩子，幫他們出主意想辦法。

五、陪讀是桎梏孩子的刑具

今天你陪讀了嗎？

在小學低年級家長中，這是一句流行語。

觀察一下我們的周遭，「陪讀」現象已蔚然成風。從幼稚園、小學，直到國中、大學，父母「陪讀」已經成為一種見怪不怪的社會現象。據統計顯示，約有百分之三十五的家庭存在父母「陪讀」的現象。

陪讀無疑是獨生子女家庭特有的現象。它的確體現出父母對孩子的一種愛，也體現了父母對子女教育的越來越重視。為了孩子的教育，付出金錢、精力，甚至是放棄自己的生活，去陪孩子讀書，父母的這份愛令人動容。

但是，「陪讀」對孩子來說並不是有百利而無一害的。

的確，適時適當的陪讀對低年紀的孩子來說是有利的。但即便如此，父母也要注意這其中的分寸，一個掌握不好，就會給孩子帶來各種負面影響：助長孩子的依賴性、妨礙孩子的智力發展、使孩子產生厭學情緒等等。而對已經進入國中、高中甚至大學的孩子進行陪讀，那則是有百害而鮮有一利的。

來看看以下這些獨生子女們是如何看待父母的陪讀的，這是某記者針對「陪讀」現象在幾所著名國中調查時得到的回答：

「自己要有獨立的生活能力、學習能力，父母只不過是輔助作用。俗話說得好，十分裡面七分靠自己，這不就是說自己的主觀能力是最重要的嗎？『陪讀』只是形式而已，一切都得靠自己去爭取、奮鬥、打拚。」

「學習是自己的事，就好像飯只有自己吃才會飽一樣，學習只有自己親身經歷過，才會刻在自己的腦裡，成為自己的東西。父母陪讀可能會導致孩子對父母的過分依賴，或者會令人心裡產生壓力，覺得不自由。」

「陪讀雖然體現了家長的關愛，但妨礙了我們獨立自主能力的發展。這樣的愛，只是溺愛，過多的溺愛，只會阻礙我們的成長。到社會上工作，不可能還要家長陪著，如果現在不試著獨立一下，以後做什麼事都不方便。」

「讀書應該靠自覺，家長在旁邊小孩或許會很認真的看書，但現在的獨生子女很多，他們大多很依賴父母，做作業也一樣。如果那樣的話，學生想讀好書是很難的一件事情。再者，父母一天忙於上班已經很累，晚上還要陪著孩子念書會很辛苦的，他們也有自己的事情要處理。」

「學習是我們自己的事情，是一種責任，與家長在不在身邊沒有多大關係。家長在身邊，有了依賴性。如果以後要到很遠的地方讀書呢？這不是影響我們獨立生活的能力嗎？」

「家長有家長的事情，時而陪著子女說說話，交流關心一下是很好的，但為了子女而放棄原有的生活、工作，就顯得不太合理。身為子女，自己也有能力自我照顧，無須時時讓家長照顧。」

……

當然，這其中也有贊成父母陪讀的，但相比起來數目很少。孩子的這些話入木三分的道出了陪讀的害處，無須贅言。

對於獨生子女的父母來說，不管是對孩子真的不放心，還是為了給自己找一個寄託，都應該認知到陪讀是有百害而鮮有一利的。陪讀的父母們，如果真的是對孩子不放心，那麼孩子的無能其實是你們一手造成的，如果繼續陪下去，恐怕孩子一輩子都要蝸居在鳥巢裡；如果是在為自己的自私找藉口，請到此為止吧，不要再在肉體上和精神上摧殘孩子了！讓孩子獨立吧！給孩子自由吧！相信他（她）會在風雨中勇往直前。以寬闊的胸襟去包容他們犯錯，以欣慰的笑容接受他們改正錯誤，他們最終會明白，生命中最重要、最珍貴的東西是什麼？

六、有些事可以讓孩子自己做決定

獨生子女的父母應該注意讓孩子從小就養成自己做決定的習慣，不必為孩子做決定，這樣，孩子就容易得到自由發揮的空間。讓孩子從小就學會自己決定自己的事情，對孩子的後天成長具有重要的作用。

著名作家蕭乾自幼沒有父親，生活艱辛，從小就開始自己決定自己的事。他十多歲的時候，代替家長的三堂兄要他輟學去當郵差，他堅決不從，最後不惜與家庭決裂來堅持走自己的路。他後來感慨的說，他的一生都是自己一步步走出來的：如果自己的什麼事都由家裡決定，他很可能只是一個郵差。

可見，讓孩子總是對父母言聽計從並不是什麼好事，相反的，父母應盡早培養孩子「自己做主」的能力，才能讓孩子早日成才。同時，讓孩子自己做決定，還可以培養孩子自己承擔責任的意識。父母要讓自己的孩子意識到要對自己的行為負責，這樣可以促使他早日學會與其他孩子相處，更可以從小培養出他們的責任心。

在英美等西方國家，曾盛行開放式教學理論，主張以培養學生的自立精神和獨創性為辦學宗旨，學生可以根據自己的興趣和愛好自由選擇授課內容，憑自己的意願學習。這是尊重個人意志的一種體現，儘管他們還是孩子，但也有著自己的獨立人格，他們的事應由自己來決定。用這種方法培養孩子的自主精神十分可取。

一個在美國定居的學者曾講述了這樣一個故事：

志彬到美國兩年了，他八歲的時候，由於美國的課程都相對簡單，因此他在學習小學課程的時候，總是游刃有餘。

在小學三年級的時候，他的學習成績仍十分出色，各個方面也都高人一籌。

在學期快要結束的時候，老師海倫問他：「志彬，去問問你的父母，你是不是明年要跳一級？如果你想要跳級的話，就要參加一個跳級考試。」

志彬帶著這個問題回到家裡。

我們三個人坐在一起討論跳級的好處和壞處。

經過討論，我們提出了自己的意見，認為跳級的好處是加快了進度，使志彬覺得學習更有挑戰性、更有意思，不會因過慢的進度覺得乏味而失去興趣。

不好的方面是跳級後，面對的同學都是比他年齡大的，可能在交際上會有一些問題。

最後，我們說：「志彬，爸爸媽媽的話只是給你做一個參考，最終的決定還要靠你自己做出。」

當然這次談話最重要的目的是讓志彬知道父母對他的學習狀況非常滿意，這一點並不需要用考試成績來證明，或者由跳級來證明。

無論他的考試成功與否，我們都會認為志彬是一個好學生並為他感到驕傲。這一點使志彬放下了心理負擔，輕輕鬆鬆的參加了跳級考試。考試的結果證明，他輕鬆的達到跳級的水準。於是志彬很愉快的升到另外一個班級去做學習。

在孩子們的心中，有時似乎也會意識到自己應該做的一些事情，但同時又有一種錯誤的觀念：必須有父母的督促或幫助才能完成。比如自己應當早點睡覺，但他們卻又往往認為，督促睡覺是父母的事，他們應當保證孩子的睡眠。這種想法頗有些「反客為主」的意味，按時睡覺似乎成了父母的事情，而非孩子自身的事情了。父母如果利用作息制度和鈴聲來規範孩子，孩子就會意識到鈴聲是沒什麼好討價還價的，執行與否要看自己，那麼保證睡眠也就真正成為自己的責任。至於早上準時到校，那就更是自己應該做到的了。

讓孩子自己做決定，可以讓孩子在很多方面受益。首先可以培養孩子做事的積極性。其次，父母認真聽取孩子的意見和想法，而不是把自己的意願強加給孩子，這樣孩子就能明確感受到父母的支持和信任，從而增強對父母的感情。同時，父母的這種姿態也有利於培養孩子善於聽取別人意見的作風。

當然，對於像決定孩子的前途或是影響重大的事，讓尚未成熟的孩子做決斷是不可行的。但父母應該有意識的創造一些讓孩子參與決定重大事務的機會，尤其是與孩子息息相關的事，父母應徵求孩子的意見，讓孩子開動腦筋參與決策。比如，家中要買新電視機，父母就可讓孩子參與選擇買什麼牌子、什麼型號的。孩子被委以重任後，肯定會興致勃勃的去了解各種品牌、各種型號的電視機的價格、性能。這有利於孩子增長知識，也利於孩子對自己選擇的東西倍加愛惜。

七、父母要注意自己的言行

親子間良好有效的溝通，是獨生子女健康成長的必要條件。要做到良好有效的溝通，父母就一定要注意自己的言行，不能讓孩子對你產生反感。

在日本發行量最大的報紙《讀賣新聞》上，教育專家為怎樣相處親子關係才能密切開出新方法，他們認為父母應該從以下幾個方面做起：

多從孩子的角度考慮問題，盡可能的讓孩子明白父母始終是關心和接納他們的。

除了學業成績外，每個孩子還可以在許多方面發揮潛能和拓寬發展的領域。

由於一個問題有多種解決方案，因此，不要執拗於一種答案而與孩子發生衝突。

父母要不斷的提高自己的情商、智商，自我開發各種潛能。放下面子，去傾聽各方面的教育經驗。

多採用遊戲、音樂、活動的方式培養親子關係。

要密切親子關係，在父母與孩子之間要相互信任。為此，父母要培養孩子的自信心；要正確的對待孩子的缺點，幫助孩子改正錯誤；為孩子提供施展才能的機會；切忌傷害孩子的自尊心、自信心等等。

父母要設法讓孩子覺得那樣做是很自然的。其訣竅就是讓家裡時時刻刻都有一種「聆聽的氣氛」。這樣，孩子一旦遇上重要事情，就會來找父母商談。要達到這個目的，其中一個好方法就是經常抽空陪伴孩子。比如利用共聚晚餐的機會，用心和孩子溝通，讓孩子覺得自己受重視。

父母用「平行交談」的方式跟獨生子女談話，往往能引起熱烈回應。《用心去教養孩子》一書作者羅恩・塔菲爾提出的「平行交談」，其意思是父母與孩子一邊一起做些普通活動，一邊交談，重點放在活動上，而不是談話的內容，雙方也不必互相看著對方。這種非面對面的談話方式會讓父母和孩子都感到輕鬆自在。父母與孩子的談話內容，最好是多談一些如何學會謀求知識、學會做事、學會與人共處、學會做人等。在交談中，還要注意從事情到關係、從事情到感情、從一般到特殊等原則，從而使孩子與父母之間做到無話不談。

由於父母提出的意見，即使是好意見，獨生子女也大都不喜歡聽。因此，父母應做孩子的顧問、盟友，而不要做經紀人。顧問只需細心聆聽、協助抉擇，而不插手干預。

有些專家建議，父母應該把不想直接向孩子說出或不中聽的話寫下來。家庭關係顧問說：「一般人都認為白紙黑字更加可信，而且可以一看再看。」、「把話寫下來，話的分量也會增加。」

父母提問過多，很難使孩子講心裡話。教育學者說：「青少年通常不會把很多有關自己的事告訴父母，如果你的孩子也是這樣，你應該把孩子告訴你的任何事情都視為禮物，加以珍視。」

在同一個時候，孩子可能對父母又愛又恨。對父母、老師和所有對孩子有權威的人，孩子的情感往往是雙重的。但父母對孩子的情感的雙重性通常是很難接受的。其實，在人類的現實生活中，處處都存在著辯證觀念。哪裡有愛就必有恨；哪裡有羡慕就有嫉妒；哪裡有熱誠也會有敵視；哪裡有成功就有擔憂。所有這些感情都是合理的：正面的、反面的、矛盾的。因此，父母應該學會接受孩子身上存在的雙重情感。父母對孩子所表露的雙重情感用不著擔憂或內疚。因為人類都有情感，情感是孩子天性的一部分。美國心理學家說：「情感教育能幫助孩子了解他們的情感是什麼。對一個孩子來說，了解他自己的情感比了解他為什麼有這種情感更為重要。當他清楚的知道自己的情感時，他內心就不會再感到一切都很混亂了。」

父母可以給孩子提供一面情感的鏡子，以幫助孩子了解他的情感。一個孩子要知道他內在的情感就要聽父母對他情感的反應。透過情感的鏡子，能夠給孩子提供一種自發的修整和改變的機會。

獨生子女的情緒往往不太穩定，所以教育的方法的也要隨具體的情況而變化。父母要辨證的看待這個教育過程，坦率而富有成效的與孩子溝通，只有這樣做，教育才能有良好的效果。

八、蹲下身子，平等的看待孩子

對獨生子女的教育，父母應該採取「蹲下來」的方法，而不是高高在上的用所謂權威的方法去馴服孩子。

現實生活中，每當我們跟自己的孩子或者親戚朋友的小孩子玩耍的時候，往往會採取這樣一種方式：蹲下來笑瞇瞇的和孩子交流，「來，抱一抱。」、「噢！真乖。」、「來，叫一聲阿姨。」等等，而這時候的孩子都較為快樂。

從心理學的角度講，你只有蹲下來，孩子才能看到你的眼神，才能體會到你與他是在一個平等的位置的，孩子也才能從你的眼神中感受到你的教育是否真誠。

眼睛是心靈的窗戶，不光是大人們能體會，二歲的小孩也能體會，青春期的孩子同樣能體會。如果我們父母沒有從內心上將孩子擺在平等的地位，那我們的孩子就會遠離我們，甚至懼怕我們。我們給孩子留下的只能是一種居高臨下的令人生畏的感覺。對孩子來說，我們就不足以信任。退一步來說，即使從生理學角度來看，我們站著教育，孩子們就要仰著頭接受，這是非常累的，久而久之，很容易造成孩子的畸形，所以很多聰明的孩子可能就會對你不理不睬，不和你交流。

為什麼說父母只有蹲下來才能進入孩子的內心世界呢？

現在的超市經營者，很懂得孩子的心理，在超市貨架的低處一般都擺放兒童玩具和兒童食品，而高處則擺放著供成人挑選的商品。如果父母帶孩子走進超市，問孩子要不要在大人的視線內的物品的話，大多數的孩子是不會理睬你的，因為他看不到你所指的那種商品。而在他的視線內，他看到的都是他喜歡的琳琅滿目的兒童商品。如果你蹲下來，問他在他視線內的商品他要不要，他往往會歡天喜地的接受。

教育孩子時，很多父母發現如果讓孩子接受那些空洞乏味但卻很有教育意義的文章，他們往往覺得乏味，難以接受，這其實並不是孩子的錯，而是你在教育上的失誤，你沒能蹲下去和孩子一起看這個世界。

曾經有一位小學國語教師在教「對稱」這個詞時，為了讓學生們對「對稱」這個詞有更深的理解，就在課堂上提了一個問題：「同學們，誰能說說人身上什麼東西是對稱的啊？」同學們的回答非常踴躍。「耳朵是對稱的，眼睛是對稱的，手是對稱的，腳是對稱的」……這時候，有一位男生舉手回答說：「老師，屁股是對稱的，我的兩個蛋蛋是對稱的，我媽媽……」沒等孩子說完，老師用嚴厲的目光盯著這位學生訓斥說：「你坐下，不要再說了！」孩子驚到了，委屈的想：「同學們不知道的東西，我說了，老師為什麼會不高興呢？」下課後，老師又把孩子叫到辦公室進行了嚴厲的批評，並立即打電話給他的家長，告訴他的家長說：「你兒子這麼小就這麼流氓，長大了怎麼辦？」搞得家長驚慌失措。

這位老師的做法是非常錯誤的，要知道，無論孩子的看法在你看來是多麼的幼稚，多麼的讓你無法接受，你都不要盲目的用自己的價值觀去否定孩子，而是應該試著「蹲下來」，站在孩子立場去思考，這位老師如果能站在孩子的立場去看待孩子的答案，就應該知道這位孩子的回答並沒有任何不妥之處，更稱不上什麼「流氓」，他只是單純的思考了老師的問題，單純的給出了自己的答案。

教育的道理是相同的，獨生子女的父母在教育孩子時也應該明白這個道理，你只有「蹲下來」，才能看到孩子的世界，也才能了解孩子的世界。如果你永遠高高在上，以家長的身分自居，便很難獲得孩子的信任，教育往往也就不會有什麼好的效果。

九、別讓你的孩子做小皇帝、小公主

許多獨生子女的父母忽略了對孩子尊老愛幼、孝順父母的教育。他們把孩子當成了家中的小皇帝、小公主，全家人都圍繞著他（她）轉，孩子成了家中最受尊敬的人，家長成了孩子的奴隸。孩子在這種本末倒置的環境影響下，長大後沒有輩份觀念，對家中的長輩，老人甚至父母都缺乏基本禮節和尊敬，有的甚至會態度非常惡劣的對待父母。

有位母親曾傷心的說過這樣一件事：「我的兒子高三了。我為了讓他讀好書，每天除了工作還要買菜、做飯、洗衣、收拾房間……一天，我生病了，躺在床上，渾身十分難受。兒子放學回來，看到電鍋裡沒有飯，只是冷冷的說了聲：『我出去吃了。』就離開家了。過了不久，他吃飽了回來，竟沒再過來看看我，也沒給我帶回一點吃的，就鑽進自己的房間，砰的一聲關上門，整個晚上再沒出來。我傷心極了。我想，我的兒子是得了愛的麻木症，只怪我平時寵他、愛他，卻沒有教他也要愛別人、關心別人。孩子長大了，變得麻木不仁，我這是自作自受呀！」

這位母親終於在兒子冷漠無情的事實面前覺醒了。但天下還有多少沒有醒悟的父母，他們只知道盲目的溺愛孩子，只要能使孩子高興，他們為孩子做什麼都心甘情願，卻忽視了對孩子進行尊老愛幼、孝順父母、心懷感恩的道德教育；忽視了讓孩子感受到父母的所有付出是無私的，是一種愛；忽視了讓孩子懂得怎樣去愛父母、尊重父母、體諒父母。導致孩子目無尊長、不孝敬父母、對他人冷漠無情等。

過去就曾發生了一件耐人尋味之事：一個八歲男孩因嫌奶奶給壓歲錢太少而大發雷霆，致使奶奶氣急昏倒。這位男孩的奶奶王老太太，平時靠回收維生，手頭沒有什麼積蓄。她考慮到有五個孫子、孫女，便決定每人給一百元壓歲錢。這個八歲的孫子和父母到奶奶家拜年，見奶奶只給一百元壓歲錢，心裡就不高興，非讓奶奶給一張一千元的新鈔，氣得奶奶心臟病復發倒在沙發上昏迷不醒，被家屬緊急送往醫院。經過兩個多小時的全力救治，老人家才脫離了危險。

相較於另一對夫婦而言，王老太太還算幸運，因為她畢竟從死神手中逃脫出來了。這對夫婦年過三十才喜得千金，對其獨生女極為溺愛，致使女兒雖只有六歲就養成驕橫的性格，稍不如意就大哭大鬧，對父母大出拳腳。後來為了一根冰棒，這個六歲獨生女竟把母親毒死。父親一氣之下把女兒掐死，自己也懸梁自盡了，好好的一家三口人都葬送在溺愛之中。

英國有一句諺語：「嬌養不能成大器。」事實上，家長是不能保護子女一生的，當然也不應該試圖這樣去做。而為人子女，也不應該把家長當成自己的奴僕。要知道，家長對你的愛護是出於親情，而不應該是他們的責任，在成長過程中，應該盡量早點懂事，幫父母分擔壓力，而不是無限度的攫取父母的血汗付出。

不要讓獨生子女把父母的寵愛當成很理所當然的事，要知道過分的嬌縱必然造成孩子過於絕對的性格和太過依賴父母的生活方式。

第五章　如何引導獨生子女的改正壞習慣

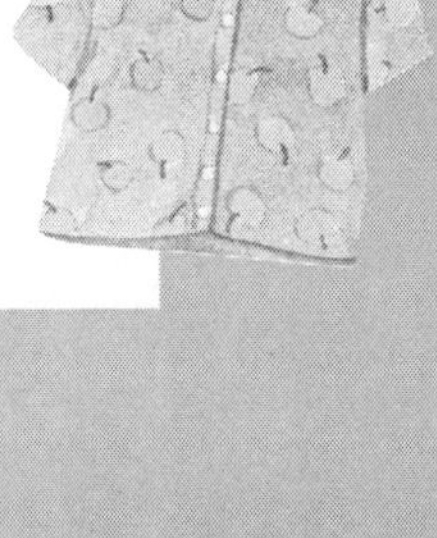

一、孩子愛頂嘴怎麼辦

獨生子女的成長過程中，會出現這樣一個現象：隨著孩子逐漸長大，他們不再像以前那麼聽話，與父母頂嘴的現象常會發生。

威洋今年七歲了，嘴巴越來越厲害，大人說一句他能回十句，爸媽都被他氣得沒辦法。一天晚上，他到鄰居家和小朋友玩。該吃飯了，爸爸要他回家，可他玩興正濃，怎麼也不肯回家。爸爸沒辦法，只好強行將其抱回家。回家後他大哭不止，反覆說一句話：「為什麼我要聽你的，為什麼你們大人就不聽我的？」

飯桌上，爺爺好意夾菜給他，爺爺說：「好好吃飯，以後威洋要上大學的。」威洋卻撅著嘴：「上什麼大學，有什麼好上的。」媽媽接過話說：「不上大學將來怎麼有飯吃？」威洋繼續反駁說：「回家吃好了。」威洋的媽媽又說：「以後媽媽老了，不會賺錢了，家裡沒吃的。」威洋則說：「那妳不是還沒老嘛？外婆家也有吃的。」媽媽說：「到時候外婆更老了，家務都做不動了呀！」威洋說：「那阿祖都七十多了還在工作呢！」說完還白了媽媽一眼。

究竟是什麼事情讓這小孩這麼喜歡頂嘴呢？其實道理很簡單，頂嘴只是孩子表達自身判斷的一種方式，父母不妨試著站在孩子的角度看看他們頂嘴的理由，那麼就能輕易的理解孩子為什麼要頂嘴了。

整體來說，孩子頂撞父母不外乎以下幾種原因：

其一，父母不考慮孩子的意願，獨斷專行。比如孩子看卡通片正看的入迷時，讓他立即停下來去做作業；孩子不願學畫畫，父母硬要他苦苦練習等等。於是，衝突便在所難免。

其二，父母與孩子缺乏有效的溝通。有些父母一味採用家長制的教育方式，容不得孩子有半點不同意見。然而隨著孩子的長大，孩子逐漸表現出自己的獨立性，便會覺得父母對自己的行為干涉太多，就容易與父母發生爭執。

其三，父母平時過於溺愛孩子。過於溺愛往往會使得孩子缺乏約束，不懂禮貌，在長輩面前我行我素，而父母又未能及時糾正孩子的這種行為。等到孩子的壞習慣已經養成，要糾正就比較困難了。

其四，父母自己不能以身作則。父母平時在家中不注意自己的行為，往往為一些小事而互相爭吵，這會對孩子產生潛移默化的不良影響。

隨著孩子年齡的增大，他們的獨立性就會逐漸顯現。這時如果父母採用不太合理的管教方法，勢必會使孩子產生叛逆心理。這樣不僅不利於孩子的學習和成長，而且會影響孩子將來的人際關係。

那麼遇到孩子頂嘴的情況，父母應該怎麼辦呢？

一般情況下，父母可以按這幾個步驟來解決孩子的頂嘴問題：

第一，尋找孩子頂嘴的原因。

一旦發現孩子有頂嘴的習慣，父母就應認真分析原因，不要輕易責備孩子。不講方法、不分場合的批評孩子是一些父母的通病。有些批評十分尖銳，卻不完全正確，結果傷了孩子的自尊心，使孩子埋怨父母，甚至記仇。所以批評孩子前先要弄清緣由，不要亂批評。需要批評孩子時，要注意語氣、場合和方式。批評時要循循善誘，使孩子心甘情願的接受。面對孩子的困難和挫折，要真心幫助其解決。這樣，孩子就沒有理由再與你頂嘴了。

第二，多與孩子溝通，了解孩子的真實想法。

家長應多與孩子談心，多與孩子溝通，了解孩子在想什麼，喜歡什麼。

父母與子女之間的關係是透過對話形成的。因此，父母最需要主動且虛心的傾聽孩子的話。父母要善用商量口吻與孩子對話，盡力理解孩子的感情和想法。不要有「我是大人」、「我要教育你」或者「要樹立權威」等想法。即使孩子的話可笑的或者是錯誤的，父母也要認真的聽下去，用心體會孩子的感受。

第三，與孩子說話時一定要有耐心。

不少父母在與子女溝通時，矛頭往往直指孩子，比如「你怎麼怎麼樣……所以不對。」這樣很容易引起孩子的反抗心理。當孩子說「我在學校受到了批評」時，父母不要馬上就問：「你又犯了什麼錯？」而是應先表示同情的說：「怎麼不高興了？」待孩子說明了詳細情況後，再透過對話，尋找使孩子反省和解決問題的辦法。

第四，千萬不要說傷害孩子的感情的話。

在解決孩子的頂嘴問題時，父母還要注意對話方式，因為方式不同，效果也不同。雖是表達同樣的意思，可能孩子喜歡聽，也可能刺激和傷害孩子的感情。

總之，只要父母從愛護孩子的角度出發，站在孩子立場上考慮和理解孩子，並注意溝通的方式，孩子慢慢的不會再和你頂嘴了。

二、孩子喜歡說謊怎麼辦

說謊是一個很壞的毛病，會對孩子的成長產生巨大的危害，而說謊的毛病一旦形成，便很難改掉。所以，父母有必要引導孩子養成從小說真話的好習慣。

在獨生子女群體中，我們不難發現這樣一個現象：幾乎剛會說話的孩子就已經開始撒謊，有時可能更早些。孩子在發展初期，看不出自己言行之間的直接關係，對他們來說，行為遠比語言重要得多，而語言都是模糊的，是有多重含義的。

如果孩子一旦有了說謊話的毛病，父母切忌將此視為品行問題，大動肝火。父母應該認識到，孩子的謊言與成人的謊言有著本質上的區別。孩子的謊言，大多是把內心想像的事物和現實中的事物混同起來。特別是小朋友在一起時的「吹牛」更是沒有邊際，許多話都是無知的語言，不必介意。比如，「我爸爸帶我去動物園見到一隻螞蟻比皮球還大」等，這些都是孩子們的想像。

當孩子慢慢長大後，他們會認識到故意說謊而誤導別人是錯誤的，當他們發現父母或朋友欺騙自己時，會非常憤怒。他們逐漸開始區分謊言的類型和輕重的程度。

著名的哲學家羅素說：「孩子不誠實幾乎總是恐懼的結果。」孩子說謊並不可怕，可怕的是面對孩子的謊言，父母聽之任之，任其發展。當然，父母想要控制孩子的說謊，培養孩子的誠實，也的確是件不容易的事。

那麼，應該怎樣杜絕孩子說謊呢？父母需要做的是：

第一，不要惡語相向。

切忌用「那麼小就騙人，長大一定學壞」、「你在說謊」，「你騙人」這些糟透了的語言，因為這些話很容易使孩子幼小的心靈受到傷害，並因此產生「我是騙子」的想法，而進而產生自卑心理。

第二，要找到孩子說謊的原因。

如果孩子到了能夠分辨是非的年齡仍然說謊，父母應找出原因。孩子說謊的原因，許多心理學家都給出了答案。概括起來有如下幾種：

（一）說謊有時比說真話更能免受處罰。

大多數父母認為，孩子主要是因為不知道撒謊的嚴重後果才說謊的。事實上，孩子說謊有時是因為說了真話反而受到了懲罰。

（二）出於無奈而撒謊。

許多父母可能無法接受，孩子撒謊有時是因為父母逼的。父母應該知道孩子也有沉默的權利。許多成年人在處理一些棘手的兩難問題時，經常保持沉默。如果非要逼孩子說出真相，孩子就只能說謊了。有鑒於這種情況，可以給孩子一定的緩衝，等大家都心平氣和了，再讓孩子主動把事情的真相說出來。

(三) 為了討父母歡心而撒謊。

著名發展心理學家發現，四歲以下的孩子判斷自己的言行是否正確的標準，通常是看爸爸媽媽臉上的表情。為了不讓爸爸媽媽生氣，他們最本能的反應就是不承認自己所做過的錯事。

第三，父母要以身作則。

做到對孩子言而有信，說到做到，起表率作用，千萬不要欺騙孩子。並注意對孩子的誠信教育，多給孩子講一些誠信方面的故事，強調做人要做誠實的人。

第四，要讓孩子有安全感。

孩子之所以說謊很多時候都是因為需要安全感，如果父母能夠給孩子安全感，孩子就會誠實起來。

第五，不要給孩子施加心理壓力。

父母對孩子過高的期望，會給孩子增加壓力，導致孩子說謊。因此，父母對孩子的期望值要合理，不要希望他們做出超出自身能力的事。父母要以寬容之心對待孩子，經常與孩子傾心交流，減少孩子的心理障礙，做孩子的知心朋友。

總而言之，當孩子說謊時，父母正確的做法是去分析、研究，找出孩子說謊的原因，對症下藥，進行善意的引導和教育。

在獨生子女的成長過程中，有一個能保護和培養孩子說真話的父母，孩子就會自然而然的養成說真話的好習慣，長大後也一定會成為一個很正派、很真誠的人，並且會受到人們的歡迎和尊敬。因為一個人只有說真話，相信別人，對生活有信心，才會問心無愧的面對各種事情，也才會得到別人的信任和理解。

三、孩子愛說髒話怎麼辦

在獨生子女尤其是在六到十二歲的獨生子女身上，你常會有一個驚人的發現，就是「髒話的魔力」。之所以說它驚人，是根據家長們的感受，你可以想像一下，當家長聽到自己一向甜美、純潔的小寶貝口出穢言時，他能不震驚嗎？

獨生子女的說髒話問題不容忽視，其對孩子的性格和素養都會產生巨大的影響。父母要想重新洗淨孩子的嘴巴，對他帶回家的那些髒話不要過度反應是最好的方式。

首先，確認一下孩子是否了解自己口中所說的話的真正意思。讓他自己解釋，在使用那些髒話時他想表達什麼意思，而這些髒話是否能正確表達他的意思。

簡而言之，將髒話的魔力——模糊的吸引力，從孩子心中除去，讓他知道，你很願意隨時和他討論髒話，或者是好話。

首先，我們來說說如何預防。

第一，了解孩子的交友狀況。

孩子總是會有幾個爸媽不太喜歡的朋友，例如愛說髒話的朋友。由於你不可能控制孩子的所有交友狀況，因而不如選定幾個比較讓你擔心的對象，規定孩子：如果要和某某玩，就請他到家裡來。這樣，就能比較深入的了解並掌控他們的互動情況。

第二，訂立說髒話的規則。

和孩子分享你對語言或詞彙的看法很重要。當孩子說髒話時，問問他對自己說那句話的感覺：「你說那句話時有什麼感覺？有哪些其他的話可以表現同樣的感覺？」最後，提醒他在家裡說髒話的規則。確切的讓孩子知道，你愛他，可是不喜歡他說髒話。

第三，與孩子討論如何說話。

孩子應該學習在這個社會文化中，哪些用語是被接受的，哪些是帶有侮辱性的。因此，當孩子問到某些用語時，詳細解釋給他聽，讓他明白為什麼某些用語不被接受，如果說了會造成什麼後果。

第四，家長要以身作則。

家長本身習慣使用合適的言詞，孩子聽慣了自然而然也會照著用。設計一張表格，將適當和不適當的詞語並列。教導孩子分辨、學習不同的詞語所代表的意義，若他使用適當的詞語就讚美他。

其次，我們再來看看，在孩子說髒話時，應該用什麼樣的方法。

第一，採用彈性疲乏之法，使孩子對髒話失去興趣。

若孩子使用無禮的字眼，罰他不停重複同樣的字眼五分鐘。他很快就會對那個字眼失去興趣，懶得再說它。如果他拒絕照你的話做，不肯重複五分鐘，告訴他，在處罰完成前不准做其他的事情。

第二，讚美孩子的自我控制能力。

如果孩子在可以使用髒話時，選擇用更恰當的語言表達方式，你一定要記得讚美他的自我控制能力。讚美，會讓孩子更有信心使用適當的語言來表達自己的意思。

最後，要謹記下面這些禁忌的做法。

其一，不要震怒或恐慌。

孩子很喜歡有力量的感覺，如果你對他的髒話反應過度，他反而會覺得自己很強。保持鎮定，不要讓憤怒影響你，以免孩子用髒話來控制你。

其二，不要嚴刑峻罰。

用肥皂水洗孩子的嘴巴，可以清潔他的口舌，卻洗不掉他說髒話的習慣。如果你採取類似的方法，例如打、罵、威嚇，孩子只會學到不在你面前說髒話，其他時候就很難說了。

十歲的小龍在住家附近和學校裡惡名昭彰，人人都叫他「髒話大王」，他覺得這個綽號聽起來很威風，好像自己已經是大人了。

終於，這個綽號傳進了小龍爸媽的耳朵裡。他們又震驚又尷尬，於是，在小龍回到家後，他們命令他坐下，狠狠的訓了他一頓：「你知不知道當我們聽到你對鄰居講的那些話時我們有多丟臉！難道你自己一點也不覺得羞恥嗎？現在你有什麼話說？」

小龍不知道該說什麼，於是爸媽就用最傳統的方式懲罰他——用肥皂水洗他的嘴巴。他們把肥皂塞到小龍嘴裡，罰他坐著不許動五分鐘，以為這樣就可以讓他遠離髒話了。

然而，小龍是「髒話大王」的傳言還是不斷。雖然沒有大人再度聽到他講髒話，可是其他的孩子都出來指證，並向他們的家長告狀。

小龍的爸媽知道他們必須徹底改掉小龍說髒話的壞習慣了。他們記得，小龍小時候最愛吃熱狗，幾乎餐餐都吃。有一天，他偷偷爬到冰箱裡吃掉了一整包的大熱狗，從此以後，就再也不肯吃熱狗了。

他們決定要用同樣的方法戒掉小龍說髒話的習慣。為了讓小龍知道哪些字眼很粗俗不雅，他們列了一張表，上面記載了各種「禁止使用的詞語」。過了不久，小龍的爸媽又聽到他說了表上的某個字眼，媽媽就說：「看樣子你很喜歡那個字。現在，我要你坐在這裡，大聲、清楚的說出那個字，連續說五分鐘不准停。」

「我不要！」小龍不滿的說，然後坐在媽媽指定的椅子上，雙手抱胸，嘴巴閉得緊緊的。

媽媽平靜的回答：「好吧。隨便你。你可以選擇不說話一直坐著，或照我說的，連續說五分鐘，然後去做你想做的事。你自己決定。」

四、孩子上網成癮怎麼辦

孤獨是很多獨生子女標籤。一些孩子在現實世界的無法找到可以溝通的朋友，便轉而在虛擬的網路世界尋找可以用心交流的朋友，或者將孤獨釋放在網路遊戲之中。此外，獨生子女的天性之一就是具有強烈的好奇心、愛玩，在這個網路異常發達的時代，網路聊天、電腦遊戲等成了很多孩子的最愛。其實，不用說孩子，對成年人來說，網路的誘惑力也是非常大的。

對於孩子上網這件事，父母一定要慎重對待，如果孩子是上網查資料或者學習一些有益的知識，那自然是好事情，但如果是為了玩遊戲、和網友聊天甚或是另外一些不健康的目的，那父母就得慎重對待了，要注意千萬別讓孩子玩上了癮，一旦形成網路成癮會給孩子帶來很大的危害，會讓孩子迷失方向。

香港著名心理學家岳曉東博士曾在一次講座上憂心忡忡的大聲疾呼：「現在多少孩子打遊戲玩得就像抽鴉片，去網咖就像去從前的鴉片館，網路成癮破壞孩子的身體健康、心靈健康，造就的是社會負擔。如果放任不加干預的話，青少年網路成癮即將帶來的社會危害絕對不亞於第三次鴉片戰爭！」

這絕對不是岳博士的危言聳聽。根據青少年網路協會提供的資料，據統計，患網路成癮的青少年高達百分之二十二，網路這把「雙刃劍」正在無情的吞噬著青少年的身心健康。為了上網而翹課、離家出走、搶劫甚至猝死網咖的事件也屢屢發生。面對孩子上網成癮，有些家長非打及罵，結果卻導致孩子自暴自棄，有些家長企圖用眼淚感化孩子，卻收效甚微。

那麼網路成癮對孩子有那些具體危害呢，父母又該如何幫助孩子摘除這個毒瘤呢？

先來看網路成癮的危害：

第一，網路成癮對孩子的身體健康有嚴重的影響。

孩子過多的玩電腦，會引起頸椎病，會導致孩子的視力下降、目光呆滯、聽力下降等。更嚴重者，會覺得頭昏眼花、疲乏無力、食慾不振等。這一切都是孩子長時間玩電腦所引起的。

第二，網路成癮會造成孩子情感淡漠。

上網成癮的孩子對網友如膠似漆，相比之下對有血肉聯繫的親人則顯得比較冷漠。網路成癮者情緒低落時也不向家人和朋友表露，把情緒隱藏起來，轉而在網上傾吐和宣洩。另外網路成癮者由於家人對其上網的限制而與家人時常發生衝突。

第三，網路成癮使孩子對社會產生了極壞的影響。

有的學生為了上網，去偷甚至去搶低年級學生的錢，偷家長和老師的東西拿去變賣。有的甚至因為家長不給錢，把家長打得遍體鱗傷，給社會帶來極壞的影響。

第四，網路成癮對家庭也有一定的影響。

孩子將精力湖中在網路上，會導致學習成績急速下降，家長擔心、憂慮，卻無計可施。有的父母會因子女上網成癮而相互埋怨造成感情不和，甚至離異。

以上是網路成癮對孩子的危害，在了解這些以後，我們再來看看父母採取怎樣的措施才能有效的幫助上網成癮的孩子。

一般來說，父母應注意以下幾個方面：

第一，讓孩子正視電腦的用途和危害。

要告訴孩子電腦的真正用途，必要時可以專門請一位專業人士為孩子做指導。另一方面，父母要讓孩子明白，長期處於網路裡會使人迷失於虛擬世界，自我封閉，與現實世界產生隔閡，嚴重影響學習，使孩子正確認識網路對身體健康的危害。

第二，監督孩子的上網時間，為孩子制定上網計畫。

孩子的自控力一般較差，往往容易沉溺於網路而不能自拔，因此，家長就要嚴格的監督孩子的上網時間。家長可以給孩子制訂嚴格的計畫，讓孩子逐漸成為網路的主人，而不僅僅是依賴於網路。在時間的控制上家長要正確的引導孩子，耐心的給孩子講解把握上網時間的重要性。

第三，培養孩子良好的上網習慣。

俗話說：「習慣成自然。」從一開始就要培養孩子良好的習慣，讓孩子能夠在無人監管的情況下自覺的關機，自覺的脫離電腦。當然，孩子的自控能力大都比較差，這就需要家長從制定規則開始，耐心的教導孩子，幫助孩子提高自制力。

第四，讓孩子學會帶著任務上網

父母要讓孩子明白，上網應當是一種學習方式，既是課堂上學習的補充，又是課外視野的擴展。每次上網前都應該有明確的學習目標，或是製作網頁，或是查找資料，或是探討問題……孩子有了明確的目標和任務，上網時就會專注於自己的目標和任務而不至於迷失自我了。

五、孩子愛發脾氣怎麼辦

在獨生子女的成長過程中往往會表現出現一些極端性格，比如目中無人，以自我為中心，無理取鬧，做什麼都為自己著想，從不考慮別人的感受；不如意就發脾氣、哭鬧等。由於獨生子女性格的可塑性，常常會表現出沒有主見、性情隨環境而變，或是在一些非正式群體的活動中搞「哥們義氣」等，這一切都是獨生子女不成熟的表現，父母有責任引導他們冷靜的對待生活，潛移默化的幫助自己的孩子糾正「愛發脾氣」的壞習慣。

孩子發起脾氣來，喜歡大哭大鬧，在地上撒野，令父母束手無策。父母為了節省時間，或一時心軟，又或許正身處公共場所，為了保存顏面，便依了孩子的心意去做，這樣往往助長孩子發脾氣的習慣，而且還讓孩子學會了如何控制父母。

每一個人都可以表達自己的情緒，孩子也有生氣的權利，問題在於如何引導孩子去表達和發洩自己的情緒。每當孩子發脾氣時，最好是先了解原因，加以合理處置，如果發現孩子表達方式不對，應立刻做出指正。

孩子發脾氣的原因不外乎下列幾種：

其一，為了達到目的。

孩子哭鬧，往往為了獲得心愛禮物，或是對父母作出一些要求。

對於這種情況，父母首先要衡量孩子的要求是否合理。例如父母答應了孩子今天去海洋公園，卻又臨時取消，這種情況下，孩子的要求是合理的，為了保持父母的信用，應立即做出行動，如果實在不能即時行動，便應答允孩子下星期再去，現在以其他東西先做補償。

如果面對孩子不合理的要求，例如出門前大家已商量好今天只逛街，不買玩具，但到了玩具店，孩子仍然固執要買，父母也只好直接做出答覆：「我們已經先說好了，無論如何，我們今天是不買玩具的。」然後帶孩子離開現場，以免對別人造成滋擾。

在引導孩子的過程中，父母態度要慈愛，立場要堅定。玩具完全可以改天再買給孩子。

其二，逃避責任。

孩子犯了錯，惟恐受父母責罰，很可能會放聲大哭，企圖以哭聲吸引父母的注意力。父母措手不及時，不妨教孩子替自己的行為負責任。例如孩子不慎把湯弄灑了，就大哭起來，媽媽可以說：「湯灑了把它擦乾就好了，不要哭，下次要小心啊！」然後協助孩子擦好餐桌。

其三，吸引父母注意力。

當孩子一個人獨處時，會很想父母能陪伴自己，但爸爸上班了，媽媽在廚房工作，以致冷落了孩子，這時，他便會用哭鬧來吸引別人注意。如果可能的話，最好陪孩子玩一會，然後告訴他父母要工作，待會再陪他玩。對於孩子經常性的撒嬌，父母大可以讓他自己安靜下來。

其四，受父母的脾氣影響。

如果父母本身也是性情暴躁，動不動吵架，孩子的脾氣便也好不到哪裡去。此外，父母的管教態度不一，令孩子難以適應，或常常找孩子出氣，是使孩子發脾氣的原因之一。

當孩子年紀漸長，要教導他們學會控制自己，改用別的方法向別人述說自己的感受，不要動不動大吵大鬧。只有做到這樣，才能有良好人際關係。

要改變孩子發脾氣的習慣，父母必須創造一個平靜的環境與氛圍，要有意識的加強自身的人格修養，心平氣和的處理事情，特別是當著孩子的面更需心境平和，處事大度。孩子在安安靜靜的家庭環境中會逐步受到薰陶。

孩子的朋友對孩子健全人格的形成是不可忽視的。家長應盡可能的向孩子推薦或者幫助孩子選擇一些性情比較平和的友伴，支持他們的交際，使孩子在這樣的群體氛圍中逐步潛移默化，改變發脾氣的習慣。

專家建議一些孩子的家長，結合日常生活進行一系列「陶冶性情」的活動。例如，讓孩子參加學校或校外的書畫才藝班，在書畫練習中陶冶性情；讓孩子和媽媽一起剝毛豆、挑蔬菜，參加諸如此類的家務工作，在工作過程中培養耐心、毅力；週休二日時，與孩子一起進行登山、遠足等活動，磨練孩子的意志，增強孩子的自我控制能力。許多實踐證明，這些活動實施一年之後，有發脾氣習慣的孩子都有了不同程度的進步，發脾氣的發生率也明顯降低。

此外，對孩子的發脾氣行為不要過多責難，更不要實行體罰。那樣做，效果只會適得其反。家長要把目光更多的關注在孩子身上，把讚揚的話語、贊許的笑容更多的投向孩子平和的行為上，讓孩子在不自覺中將其注意力移向好的方面。千萬不能讓孩子時時提心吊膽，總是擔心自己又做出激烈的為家長所討厭的行為。殊不知，越是提心吊膽，越容易搞砸，越容易發脾氣。

六、孩子驕傲怎麼辦

巴甫洛夫說過：「絕不要陷入驕傲。因為一驕傲，你們就會在應該同意的場合固執起來；因為一驕傲，你們就會拒絕別人的忠告和友誼的幫助；因為一驕傲，你們就會喪失客觀方面的準繩。」無數事實說明，巴甫洛夫說的是正確的。人一旦驕傲起來，那麼等著他的，必然是脫離實際、脫離真理的情況，挫折和失敗的惡運也就將接踵而至了！

在現代很多家庭中，由於生長環境的特殊性——很多是獨生子女，所以這些孩子往往容易產生驕傲自大的情緒，往往目中無人，不屑於與別人交往，心胸也極為狹窄。他們可能會在學習上取得一定的成績，但往往只滿足於眼前取得的成績，而且他們看不到別人的成績。此外，這一類孩子還很難和同學們友好相處，因為他們不能做到平等相待，總是以高人一等的態度對待人或喜歡指揮別人。

「媽媽，我這次考試又是滿分喔！」曉文一進家門就高興的告訴媽媽這個好消息。

「是嗎？你真棒。」媽媽稱讚著。

「李特才考了七十八分，真是遜斃了，他沒有一項可以超過我。在我的朋友中，我是最聰明的。」曉文抬著下巴說。

「曉文，你不可以這麼說你的朋友。」媽媽不高興的說。

「可是，這是事實啊，他就是不如我。」曉文並不認為自己有什麼不對。

「謙虛使人進步，驕傲使人落後」父母應該讓孩子明白這樣一個道理：妄自尊大，目中無人，會讓與你接觸的人頭痛不已，很難給別人一個好印象，從此你所能交得到的新朋友，將遠沒有你所失去的老朋友那樣多，直到了眾叛親離的絕境為止。試想到了那時，你做人還有什麼趣味呢？你還會有什麼偉大的成就呢？你的名譽還能靠誰來傳揚呢？

作為父母，還應該耐心的教導孩子，讓孩子學會正確的評價自己。既要認識到自己的優點，又要看到自己的不足。此外，父母還需要規範孩子的行為，督促他們改正驕傲自大的壞毛病。告訴孩子，在交友中應該怎樣做和不應該怎樣做，並加以訓練和指導，使其養成良好的行為習慣，多發現其他人的優點、長處，虛心向其他人學習。這樣，他才會受到大家的歡迎。

父母要透過給孩子講一些具體的事例，來讓孩子知道「人外有人，天外有天」的道理，讓孩子知道世界上總是會有比自己更優秀的人存在，切不可因為取得一點點成績就沾沾自喜、盲目自傲。告訴孩子人各有長短，即使是最卑微、最弱小的人，也有其他人所不及的地方，同樣，再強大的人也都有他自己的弱點。不可用自己的長處去與他人的短處比較。

父母還應該減少孩子的物質優越感。過於優越的環境會讓孩子產生一種高高在上的心理感覺，從而會看不起一些條件普通的同伴。盡量不要給孩子過多的物質獎勵，要防止孩子獲得過多的物質獎勵而產生畸形的滿足感，從而削弱進取意識。父母要讓孩子明白，好條件是父母、長輩和社會一起創造的，他其實和其他同學一樣，沒有什麼特別的地方。

那麼，對於獨生子女愛驕傲的壞毛病，父母應該怎樣幫助他們改正呢？

第一，適時準確的表揚。

父母對孩子的優點或者成績過頭的誇耀，往往使孩子過度膨脹，容易造成孩子驕傲自大的性格。所以，父母平時準確適度的評價尤為重要。

第二，旁敲側擊，告訴孩子你的態度。

發現你的孩子有了驕傲的傾向，不要覺得這是糟糕透頂的事情。最好旁敲側擊的將你的態度告訴孩子。比如告訴孩子你自己的一些經歷，遇到過的一些驕傲的人們以及自己對那種人的評價，但不是詆毀。

第三，不妨讓孩子碰一次壁。

有些孩子屬於「不見黃河不死心」的類型，那麼就不妨讓他（她）碰一次壁，當然是在你的耐心規勸之後。但是切記，當孩子真的碰了壁，你應該做的不是諷刺打擊，而是關心與規勸。

第四，給孩子反省的時間。

孩子如果對於你的說教無動於衷的話，先不要生氣。因為，可以先給他一點反省的時間。因為每個孩子都是獨特的，所以不要期望你的「道理」立刻就被接受。看到他的無動於衷，你可以說：「那好，我先離開一會兒，然後我們再談。」

第五，父母要以身作則。

父母用自身的胸懷坦蕩、謙遜好學、嚴格自律、奮鬥不息的形象感染孩子。

七、孩子不愛運動怎麼辦

有一則故事是這樣說的：

有一個工人在一個伐木廠找到了一份不錯的工作。他決定認真做好這份工作，好好表現。上班第一天，老闆給了他一把斧頭，讓他到人工種植林裡去砍樹，這個工人賣力的工作了起來。一整天的時間，他不停的揮舞著斧頭，一共砍倒了十九棵大樹。老闆滿意極了，誇他做得不錯。工人聽了很興奮，決定工作要更加賣力，以感謝老闆對他的賞識。

第二天，工人拚命工作，他的腿站久了又酸又痛，胳膊更是累得抬不起來了，可是雖然這樣拚命，卻並沒有帶來更好的結果。他覺得自己比第一天還要累，用的力比第一天還多，但第二天卻只砍倒了十六棵樹。

工人想也許我還不夠賣力，如果我的成績一直下降，老闆一定會以為我在偷懶，所以我要更加賣力才行。第三天，工人投入了雙倍的熱情去工作，直到把自己累得再也動不了為止。可是，讓他失望的是，他只砍倒了十二棵樹。

工人是個很誠實的人，他覺得太慚愧了，拿著老闆給的高薪，工作卻越來越差勁。他主動去向老闆道歉，說明了自己的工作情況，並檢討說，我真是太沒用了，越賣力砍得越少。老闆問他：「你多久磨一次斧頭？」工人一聽愣住了，他說：「我把所有的時間都花在砍樹上了，哪裡有時間去磨斧頭啊？」

這個故事告訴我們這樣一個道理：埋頭苦幹是很好的做事態度。可是，這並不意味著只要我們花上大量的時間，事情自然就會解決。實踐告訴我們：不是不做事，也不是只做事，而是要注意做事的方式和方法。

有個理論叫做：七加一大於八。就是七個小時的學習加一個小時的鍛鍊，效果絕對大於八個小時的學習效果。這也是科學所驗證出來的一個道理。道理很簡單，身體有活力了，狀態好了，學習的效率會成倍提高。

人們常說：身體是革命的本錢。的確，沒有一個好的身體，一切都將失去意義，若想創造成功的人生，首先就要管好自己的身體，擁有健康的體魄和心理。

「健全的心靈來自於健康的身體。」這句格言可以追溯到羅馬時代，而且歷久彌新，到今天仍然適用。生命在於運動，人若不動，也就不能生存，更不能成為有思維有感情的高級動物。

對向來嬌生慣養的獨生子女來說，運動具有更重要的意義，讓他們喜歡上運動，從而有一個好的身體，他們就會覺得每天的陽光都很燦爛，會覺得每一個人都很可愛，會覺得生活中處處都是美，會覺得活著就是最大的幸福。

有一個孩子，國一時，體育成績是年級中的倒數幾名，但到國三時已經加入到體育優等生的行列。大家都很驚奇，他為什麼能有這樣的轉變呢？在他入學的時候身體狀況極差，是個中等肥胖的學生。原來，這位同學為了擺脫這種身體狀況，積極參加體育訓練。在學校裡，他跟著學校田徑隊一起跑步鍛鍊。在家裡，他又要爸爸媽媽督促他每天早晨或者晚上跑步鍛鍊，日復一日從不間斷。經過長期的刻苦訓練，他逐漸的從胖子的行列中跳了出來，並在校園田徑運動會中獲得較好的名次，使同學和老師對他刮目相看。

科學告訴我們：大腦是學習的機器，只有機器好，學習效率才會高。就是說，想要保持清醒的頭腦，每天進行適當的體育鍛鍊是必不可少的。據醫學研究，人腦全部血管的長度可達一百多公里。對腦力工作者來說，長時間用腦就會使大腦供氧不足，記憶力下降。而適當的體育鍛鍊不僅可以給大腦補充氧氣，保持腦袋可以高效率的思考問題，還可以強健人的體魄，振奮人的精神，甚至還可以增進人與人之間的友誼。

古今中外智體並用、相得益彰的例子是很多的。宋朝著名愛國主義詩人陸游，從少年時代起，就不僅刻苦發奮讀書，而且特別喜歡舞劍，經常與友人「倚松論劍」，曾獨身仗劍在南鄭山中刺死老虎。他活了八十五歲，留下九千多首詩篇，其中有許多是他晚年所寫的。一代詩聖杜甫，從小就喜歡體育活動，他曾經寫到：「憶年十五心尚孩，健如黃犢走復來，庭前八月梨棗熟，一日上樹能千回。」到了晚年他仍然喜歡盪鞦韆、漫遊山川等體育活動。英國劇作家蕭伯納，經常游泳、跑步、騎腳踏車、打拳，他說：「我小時候沒有過人的智慧，是憑下苦功夫堅持在智力和體育兩方面皆鍛鍊而成為作家的。」

居禮夫人有句名言：「科學的基礎是健康的身體。」她堅決不給女兒留下財產，卻很注意兩個女兒的健康。在她看來，女兒有了健康的體魄，才能為人類的幸福事業做出貢獻，這才是無可比擬的寶貴遺產。她常常帶孩子去遠遊，夏天帶孩子去游泳，秋天又帶孩子去爬山。在這位母親的培養下，大女兒在一九三五年為居禮家族榮獲了第三次諾貝爾獎金，小女兒也在音樂上取得了成功。

與此同時，在歷史上只強調勤奮讀書，不注意體育鍛鍊的教訓也確實不少。孔子的得意門生顏回，是很「好學」的人，人也聰明，能「聞一以知十」，但他不注意鍛鍊身體，二十九歲頭髮就白了，三十一歲就不幸去世了。唐朝著名文學家韓愈年輕時「口不絕吟於六藝之文，手不停披於百家之編」，但未到四十歲就成了「視茫茫」、「髮蒼蒼」的老夫子了。

上述正反兩方面的事例說明：磨刀不誤砍柴工，適當的參加體育鍛鍊，不僅不是浪費時間，而且能為人們贏得時間和效率。青少年正處於身體快速發育的階段，鍛鍊對於健康的意義就顯得更加重要。也許，你的孩子會說，我們每天的功課那麼緊張，根本沒有時間鍛鍊身體。其實，學習和鍛鍊並不矛盾。因為，運動時腦細胞的活動有所轉換，管理體育活動的腦細胞興奮，管理思考的腦細胞得到休息，有助於消除大腦的疲勞。文武之道，一張一弛，體育活動實際上是一種積極的休息。

為了讓獨生子女能更好的堅持體育鍛鍊，養成體育鍛鍊的習慣，父母可以讓孩子從以下幾點做起：

第一，制訂計畫。

讓孩子自己制訂一個體育鍛鍊的計畫，列出體育鍛鍊的時間表（也可在學期計畫裡單列出一條）。要在計畫裡明確記錄體育鍛鍊的目標和內容，規定鍛鍊的次數和時間，比如規定每天早上六點起床做早操或跑步，每天下午放學後打球或跑步等等。在制訂計畫時要從自己的實況出發，合理安排，循序漸進。運動量要由小到大，逐漸增加。動作由簡單到複雜，由易到難，使自己的身體有個逐漸適應的過程。制訂計畫時，在考慮到自己的興趣、特點的基礎上，還應堅持各種運動項目的全面鍛鍊，使自己在力量、速度、靈敏、耐力等方面都得到發展，使身體各器官系統的形態和生理功能得到均衡的發展和全面的改善。在制訂體育鍛鍊計畫時，還可請老師、父母甚至同學當參謀。

第二，持之以恆，養成習慣。

為了增強體格，每個人大概都曾經設想過要好好鍛鍊身體。但是，「三天打魚，兩天晒網」的鍛鍊習慣不僅使體質沒有得到根本的改變，反而逐漸養成了做事一拖再拖、說話不算數的壞習慣。要獲得好的鍛鍊效果，就必須長期堅持，養成每天鍛鍊身體的好習慣，才能從鍛鍊中收到很好的效果。因此，在孩子有了體育鍛鍊的計畫後，父母就一定要監督他落實好計畫，關鍵要讓孩子做到兩點：一是自身要有堅強意志，要有堅持到底的毅力，不要因為學習忙沒時間，體育訓練太苦太累，訓練成效不大就半途而廢；二是可請老師、同學、父母定期或不定期檢查、督促自己落實體育訓練計畫。也可請老師、父母或同學共同參與你的體育鍛鍊活動。

第三，上好體育課，做好保健操。

在學校裡，首先，要認真上好體育課和健康教育課。體育課是國家安排的必修課，不僅可以鍛鍊身體，還可掌握體育鍛鍊的技能與方法。其次，是要認真做好早操和眼保健操，做早操時動作要準確，不要隨便應付了事。再次，就是要積極自動自發的鍛鍊身體，不要以作業多為理由而放鬆，以達到健身的目的。

第四，課外時間，充分利用。

一、室內新鮮空氣少，長時間的學習會增加腦力活動的負擔，因此要多到室外活動。如下課時到操場上走走，晚飯後和父母外出散步，假日裡到郊外踏青等。

二、在家裡添置一些體育活動用具。如羽毛球拍、桌球拍、小啞鈴等，在學習的中途，起身活動一下。

三、週末或者晚上，可以多到戶外去鍛鍊，和爸爸媽媽一起打羽毛球、散步，或者利用社區裡的健身器材活動一下，既可以鍛鍊身體，又增加了和父母溝通的機會。

四、積極參加學校或校外組織的體育活動和體育比賽。

第五，掌握技能，提高實效。

體育不是一種單純的體力活動，只有在鍛鍊過程中注意學習知識和掌握技術，才能提高體育鍛鍊的成效。一是要掌握一些常見運動項目的知識和技術，比如，鍛鍊前應做哪些準備活動、體育運動後應做哪些調整活動，又比如跑步的起跑、加速跑、彎道跑、終點衝刺要注意些什麼，打籃球的傳接球、運球突破、投籃、防守要掌握哪些要點。二是要了解常見體育運動項目的特點，從而知道自己適合哪些運動項目。如果自己身體發育較慢，或心臟承受能力差，那麼就不宜做長跑、舉重、長時間倒立等運動項目，而應當選擇那些負荷較輕、歡暢活潑的運動項目，如遊戲、簡易體操、小球類等。三是要知道一些最基本的體育比賽規則，如起跑時要聽口令，打球時不能撞人，遊戲時不能出線等等，這些是保證體育比賽順利進行的基本條件。

八、孩子虐待小動物怎麼辦

人有生存的權利，但人身邊的其他生靈同樣也有生存的權利。如果一個人在其一生中能夠對任何生命都充滿愛心，能夠平等的對待任何生命，那麼他的生命無疑是偉大的。

有一則真實的故事：

一輛計程車平緩的在維也納大街上行駛，卻突然停了下來。「沒有紅燈，怎麼停車呢？」乘車人不解的問司機，司機心平氣和的用手指了指前面，只見前方路中間有一隻羽毛未滿、受傷的麻雀。對面駛過來的汽車，也在麻雀面前停下來。一輛接一輛，很快排成了長隊。路中間的麻雀彷彿覺得有這麼多人等它而有些不安，牠加快了蹣跚的步伐，並使勁的用翅膀撲騰。小麻雀終於走到了路邊，長長的車隊又開始流動起來。乘車人不禁為剛才的所見的景象而感動。

這個畫面被一個無名的攝影師拍了下來，後來這張照片成了經典之作，攝影師也變成了非常有名氣的攝影家。

可是，令人遺憾的是，在人類和動物之間並不只有這樣充滿愛心和尊重的故事。發生在某動物園的潑熊事件曾經是社會各界關注的焦點。

那一天是一個風和日麗、春意盎然的星期六，動物園內人來人往，非常的熱鬧。在熊山，人們像往常一樣將手中的食品投餵給正在乞食的熊。但是，這幾隻活潑可愛、與人為友的黑熊怎麼也沒想到，一場突如其來的橫禍會降臨在牠們頭上。

下午一點左右，動物園熊山內突然傳來黑熊「嗷、嗷」的慘叫聲。只見兩隻大黑熊口吐白沫，倒在地上，來回翻滾；同時，水泥地上冒起了一股股白煙。

據一位目擊者稱，一名二十多歲、戴眼鏡、身高近約一百九十公分的高個男性逛到動物園熊山的東北側時，突然從手中提的白色紙袋中掏出一個長玻璃瓶，揚手將瓶中的液體倒向熊山中兩隻坐在地上的成年黑熊。

液體接觸到黑熊的身體後，兩隻龐然大物先後發出慘叫聲，並不停的在地上打滾。液體落在水泥地面後冒泡並發出響聲，一大片地面被燒得發白。

就在圍觀人群一陣騷動時，這個男性卻表情平靜的圍著熊山護牆逛了一分鐘，才不慌不忙的擠出人群，向熊山外溜去。

「抓住他，就是他給大黑熊潑的藥。」喊聲未落，這名男性撒腿就向動物園內獅虎區的方向跑去。

正在附近巡邏的動物園派出所警察、動物園保衛處的工作人員和熊山管理人員，以及在場的群眾齊心協力，圍追堵截，終於在獅虎區將這名男性抓住，帶回了動物園派出所。

動物園派出所警察經過審查，這名男青年供述，因父母離異自己一直與母親相依為命。一九九八年，自己幸運的考入了清華大學電機系，現已是四年級學生。大學期間，他的學習成績一直名列前茅，並已經通過了研究生考試。

對於為什麼要殘害動物，他說：「我曾經從書中看到過熊的嗅覺敏感，分辨東西能力特別強。但人們又總說『笨熊』，所以我就想驗證一下黑熊到底笨不笨。」

……

「這是動物園建園以來從未發生過的事情，如此惡劣殘忍的手段讓人無法想像。」動物園園長十分氣憤的說。

有多少愛可以重來？有多少人類的朋友還能虐待？保護動物不僅僅是為了動物，更是為了尊重生命，為了我們人類自己，也為了這個世界。如果真的有一天，整個地球變成了一所孤獨的大房子，只剩下我們人類自己，我們將拿什麼來保護我們賴以生存的家園？

把愛獻給人類的鄰居，不僅是對我們的召喚，更激勵著我們要付諸行動。可令人遺憾和痛心的是，現實生活中，仍有很多人卻對虐待動物充滿著興趣，更令人擔憂的是，這種現象頻繁的發生在一些孩子身上。

有的孩子看到一個小動物，比如一隻螞蟻，他們就會像獅子一樣撲上去，一腳踏上去，把螞蟻碾得粉碎。孩子所表現出來的這種殘忍行為，與他們認知能力和道德觀念薄弱的關係顯然是很密切的。因此，父母在對孩子的教育時，必須教會孩子熱愛生命，尊重每一個生命的存在，壓抑孩子本能的攻擊性行為發生。

孩子對動物之所以充滿敵意和攻擊性，主要是因為對動物缺乏足夠的認識，認為這些生命和自己沒有什麼關係。因此，壓抑孩子攻擊性行為的有效手段之一就是增加其認識能力和擴大其認識範圍。父母可以經常帶孩子到動物園、自然博物館、水上世界去參觀動物，或讓孩子飼養小動物，讓孩子懂得動物是人類的朋友，這樣就可以有效的減少孩子對小動物的殘忍行為。

孟子說：「惻隱之心，仁之端也。」培養孩子對動物的愛心，幫助孩子戒除殘忍行為，是培養孩子良好特質和善良情感的起點。

家長可以利用下面一些辦法來糾正兒童虐待小動物的行為：

其一，平日裡教育孩子以愛心對待一切。要教導孩子有愛心，家長首先要給孩子溫暖和愛，給孩子講些愛心故事，或和孩子一起看些表現愛心的影視節目，逐漸培養孩子善待一切的愛心。

第二，多講小動物對人類的益處，或用小動物的可愛動作和形象來吸引兒童，調動他們對小動物的喜愛之情。一些孩子虐待小動物，不是因為他們不愛小動物，而是欺負弱小的心理在作怪，想用這種方式來顯示自己的英勇。家長應針對孩子的具體心理給予教育。

第三，適當的批評或懲罰孩子。在採用這種方法時，一定要慎重，切不可過分。有時，對於孩子的虐待行為，父母可以給予批評，這樣才能使孩子明確認識到自己的錯誤。不過，批評要適當，過分嚴厲往往會適得其反。

九、孩子太早戀愛怎麼辦

太早戀愛是在獨生子女群體中常出現的一個現象。有人說，太早戀愛是一朵不結果實的花，不僅如此，太早戀愛還會對孩子的學習和生活造成很大的影響，幫助孩子認清太早戀愛的危害，時刻敲響警鐘，避免獨生子女產生不當的戀情。

一般認為，太早戀愛在以下幾個方面危害獨生子女學習、生活和身心發展：

第一，**嚴重影響學習**。

有的孩子錯誤的認為：「只要兩個人志同道合，談戀愛不會影響學習。」或者認為：「相愛產生動力，促進兩人學習。」這些都是極不客觀的。實際上，太早戀愛者往往以戀愛為中心，以對方為航向，感情被對方所牽制，學習沒有不分心，成績沒有不下降的，許多太早戀愛者兩人交往雖然很隱密，之所以最終還是被家長、老師發現，主要的原因就是學習成績下滑，一追問之下，才道出實情。

第二，太早戀愛更容易使青春期的孩子受到傷害。

青春期孩子的人生觀、價值觀還不穩定，戀愛中容易產生矛盾，再加上心理上尚不成熟、脆弱且耐受力差，容易在感情的波折中受到傷害。有的孩了因太早在戀愛中受挫而懷疑人生，懷疑是否有真正的愛情，給自己的感情生活投下陰影，影響成年後的婚姻生活。

第三，太早戀愛者容易出現性失誤。

青春期的孩子，性意識萌發，對異性慾望強烈，容易衝動，感情難以自控，容易憑一時興致而不計行為後果，從而出現一些越軌行為，如偷吃禁果導致早孕。這些行為一旦出現，會讓當事者羞於見人，擔心受怕，即使當時不覺得怎樣，但日後給她們造成的挫折感、自卑感是無法用言語來形容的，對成年後的感情生活的影響，往往也是難以彌補的。透過對性罪 犯的調查發現，他們首次出現性失誤的年齡在十五到十九歲之間者男性占百分之五十一，女性占百分之七十二。這就證明了，青少年時的性失誤與他們日後走向犯罪道路有著不容忽視的關係。

第四，「太早戀愛」多數是以失敗而告終。

由於太早戀愛的盲目性和不成熟性使早戀者極少走向婚姻的殿堂。父母、學校的干預，兩人感情的裂痕，升學、轉學、工作等太多的因素都使得太早戀愛這個不成熟的青蘋果在中途墜落。據對國中生的調查，有戀愛史的學生中，有百分之四十二點九的人在調查時已中斷戀愛關係，有百分之三十點二的人表面上雖然保持戀愛關係，但心中明白分手是遲早的事，仍然保持戀愛關係的僅占百分之二十六點九。即使太早戀愛能走向婚姻，這種婚姻的牢固性也值得懷疑，據美國社會心理學家研究，在離婚案件中，男子在二十三歲之前結婚的占比例最高，而其中又以十九歲結婚者為最，「他山之石，可以攻錯。」從別人的現狀想到自己的結局，太早戀愛的國中生要盡快懸崖勒馬，亡羊補牢。

太早戀愛的危害如此之重，那麼家長應該如何教導獨生子女拒絕過早戀愛呢？

第一，教孩子拒絕時態度要堅決。

拒絕難免是一種傷害，但不能因此而猶豫不決。既然是他人喜歡你的孩子，那麼對你的孩子的言行往往會非常敏感。如果你的孩子拒絕求愛的態度不夠堅決，那就很容易造成對方的誤會，最後往往帶來比堅定拒絕更大的傷害。

第二，要盡力維護對方的自尊。

為了減少拒絕求愛給對方造成的心理傷害，也使對方更易於接受，就必需設法維護對方的心理平衡，盡量減少對方的內心挫折。具體來說，在拒絕時，讓你的孩子不妨先對對方的人品和才華等加以贊許，然後再說明自己為什麼不能接受求愛的理由；說出的理由要合乎情理，最好從對方的角度提出有利的方面，讓對方覺得自己拒絕也是為了他（她）好。

第三，教孩子選擇恰當的方式。

要教孩子根據與對方平日的關係和對方的個性特點，或選擇冷處理、或選擇面談、書信等方式，但最好不要採用託人轉告的方式，因為這顯得對對方不夠尊重，還可能帶來不必要的麻煩。

第四，選擇合適的時機。

一般來說，不要在對方剛表白了愛情時立即加以拒絕，因為此時對方很難接受；但也不可拖延太久，給對方造成誤會。當然，具體該選擇什麼時機，要視具體情況而定。

第六章　培養獨生子女健全的人格和品德

一、培養孩子講誠信的優秀特質

誠信是一種美德，更是一種可貴的特質。對於獨生子女來說，從小就養成誠實守信的好習慣，是健康成長的根本所在，也是將來取得成功的堅實基礎。

無論是在生活上還是在學習上，你的信用越好，就越能成功的打開局面、做好事情，同時也能更好的處理與他人的關係。父母應該讓孩子知道，生活總是照顧那些誠實守信的人，食言而肥則是最令人討厭的行為，這樣的行為無法取信於人，更別提贏得他人尊重或管理他人了。

來看一則歷史故事：

宋慶齡從小就被父母教育要做一個講誠信的人。

有一次，父母要帶全家去朋友家做客，其他孩子都穿戴整齊準備出發了，只有宋慶齡仍然坐在鋼琴面前不停的彈琴。

母親喊道：「孩子們，我們快走吧！」

宋慶齡不由自主的站了起來，但很快又坐下去了。父親問道：「女兒，妳怎麼了？」

宋慶齡有些著急的說：「今天我不能去伯伯家了。」

「為什麼不能去？」媽媽問道。

「爸爸，媽媽，我昨天答應了小珍，她今天來我們家，我要教她摺紙。」宋慶齡說。

「我還以為什麼重要的事呢！下次再教她吧！」父親說。

「不行，小珍來家裡會撲空的。」宋慶齡叫了起來。

「要不然，你回來後到小珍家去解釋一下，向小珍道個歉，明天再教她也沒關係。」媽媽出了個主意。

「不行，媽媽！您不是經常教育我要信守諾言嗎？我答應了別人的事情，怎麼可以隨意改變呢？」宋慶齡堅定的搖著頭。

「哦，我明白了，我們慶齡是一個守信用的孩子。那就讓慶齡留下吧！」媽媽會心的笑了。

於是，父母帶著其他孩子去做客了。父母回家後，卻見宋慶齡一個人在家裡。「慶齡，妳的朋友小珍呢？」父親問道。

「小珍沒有來，可能她臨時有什麼事吧。」小慶齡平靜的回答。

媽媽心疼的問：「小珍沒有來啊？那我們慶齡不是很寂寞嗎？」

宋慶齡卻回答：「不，媽媽，雖然小珍沒有來，但是我仍然很高興，因為我信守了諾言。」

由此不難發現，宋慶齡父母的誠信教育是成功的。父母是孩子的第一任老師，是孩子的啟蒙教育者。在孩子的思想和品德都未定型時，父母的每一言每一行都對孩子起著重要的影響。

在了解了這一點之後，我們再來看父母該如何培養孩子講誠信的優秀特質：

第一，給孩子樹立誠信的榜樣。

為了培養孩子的誠信習慣，父母對待孩子一定要誠信。孩子很容易受到某種行為的暗示。如果父母言行不一，不履行承諾，孩子就會受到暗示，那就是不守信的行為是允許的。一旦這些經驗轉化為孩子說謊的行為時，父母恐怕要後悔莫及了。

第二，對孩子進行誠信特質的教育。

父母要始終如一的要求孩子守信用、負責任，教導孩子出現缺點和錯誤時要勇敢承認，接受批評，絕不隱瞞。

你可以在家裡多討論誠信的重要性，給孩子講一些名人誠信正直的故事。針對社會上那種拐騙的行為，父母要態度鮮明的進行批判。

第三，滿足孩子的合理需要。

孩子不誠信的行為大部分是出於某種需要，如果父母對這種合理的需要過分抑制，孩子就會換種方式，以某種不誠信的行為來滿足自己的需要。

因此，父母應該認真分析孩子的需要，盡量滿足其合理的部分。對於不合理的需要，則要跟孩子說明道理。

第四，絕不姑息孩子不誠信的行為。

如果孩子出現了言行不一致的行為，父母一定要及時指出來，嚴肅的向孩子說明道理，並督促孩子認真履行自己的承諾。

千萬不要覺得孩子還小，或者覺得事情無關緊要就放縱他們的缺點，這樣，孩子會不斷強化不良的行為，從而形成不良的品格，進而影響他的人生。

二、培養孩子勤勞的傳統美德

哲學家曾說過這樣一段話：「人所缺乏的不是才幹而是志向，不是成功的能力而是勤勞的意志。」的確，吃苦耐勞是我們的傳統美德。而隨著物質生活水準的提高，人們經濟條件的改善，這種可貴的美德更是需要發揚光大的。一個人如果沒有一點吃苦耐勞的精神，就做不成任何大事情。

美國最偉大的文學家之一傑克・倫敦在十九歲以前，從來沒有上過國中。他在四十歲時就去是了，可是他卻給世人留下了五十一部巨著。

傑克・倫敦的童年生活充滿了貧困與艱難，他整天像發了瘋一樣跟著一群惡棍在舊金山海灣附近遊蕩。說起學校，他不屑一顧，他把大部分時間都花在偷盜等勾當上。不過有一天，當他漫不經心的走進一家公共圖書館內開始讀起名著《西格納》時，他卻看得如痴如醉了，並受到了深深的感動。在看這本書時，飢腸轆轆的他，竟然捨不得中途停下來回家吃飯。第二天，他又跑到圖書館去看別的書。一個新的世界展現在他的面前。從這以後，一種酷愛讀書的情結便不可抑制的左右了他。他一天中讀書的時間往往達到了十至十五小時，從荷馬到莎士比亞，從赫伯特・史賓賽到馬克思等人的所有著作，他都如飢似渴的讀著。當他十九歲時，他決定停止以前靠體力工作吃飯的生涯，改成用腦力謀生。他厭倦了流浪的生活，他不願再挨員警無情的拳頭，他也不甘心讓鐵路的工頭用燈敲自己的腦袋。

於是，就在他十九歲時，他進入加州的中學。他不分晝夜的用功，從來就沒有好好的睡過一覺。天道酬勤，他也因此有了顯著的進步，他只用了一年個月的時間就把四年的課程念完了，透過考試後，他進入了加州大學。

他渴望成為一名偉大的作家，在這一雄心的驅使下，他一遍又一遍的讀《金銀島》、《基督山伯爵》、《雙城記》等名著，隨後就拚命的寫作。他每天寫五千字，也就是說，他用二十天的時間就可以完成一部長篇小說。他有時候會一口氣給編輯們寄出三十篇小說，但它們通通被退了回來。

後來，他寫了一篇名為《海岸外的颶風》的小說，這篇小說獲得了雜誌所舉辦的徵文比賽頭獎。但是他只得到了二十元的稿費。他貧困至極，甚至連房租都付不起了。

西元一八九六年是令人興奮和激動不已的一年。人們在加拿大西北克朗代克河，發現了金礦。

跟隨著像蝗蟲一樣的淘金者人流，傑克・倫敦踏上了克朗代克淘金之路。他在那兒待了一年，拚了命似的挖金子。他忍受著一切難以想像的痛苦，而最後回到美國時，他的囊中卻仍然空空如也。

只要能糊口，任何工作他都肯做。他曾在飯店中刷洗過盤子；也曾擦洗過地板；他在碼頭、工廠裡當過苦力。

後來，有一天——他飢腸轆轆，身上只剩下兩塊錢了——他決定放棄當苦力的勞動工作，獻身於文學事業。這是一八九八年的事。

五年後的一九〇三年，傑克・倫敦已有有六部長篇以及一百二十五篇短篇小說問世。他一躍而成為了美國文學界最為知名的人物。

中國歷史上有一個著名的楹聯：

有志者，事竟成，破釜沉舟，百二秦關終屬楚；

苦心人，天不負，臥薪嚐膽，三千越甲可吞吳！

的確，只要勤奮不懈，總有一天就能得到自己想要得到的東西，傑克・倫敦用自己的經歷證明了這一點。

事實上，不僅成年人需要這種精神，就連小孩子也不能例外。對於父母來說，無論出發點是為了社會培養人才，還是單純的從望子成龍方面著想，都需要讓孩子從小鍛鍊，培養吃苦耐勞的優秀品格。

在現實生活中，有些父母在培養孩子吃苦耐勞的精神方面缺乏足夠的認識。事實上，這些父母大多曾在艱苦的條件下奮鬥過，知道艱苦生活的滋味。而正是那些艱苦的歲月，才促使其發奮成才，走向成功；可是他們在對待孩子的成長上，卻往往過分的愛。其用心可能是不想要孩子再受自己當年曾經受過的苦，畢竟現在的孩子大都是獨生子女，父母不想讓自己唯一孩子的吃苦受累也是可以理解的。

有的父母認為，自己過去在那種艱苦條件下尚能成才，現在有這麼好的條件，孩子更應該有出息。在這種心理驅使下，父母只注意為孩子提供好的條件，而忽視艱苦奮鬥教育。這樣做當然不會有理想的結果。

其實，人往往在逆境中、在艱苦條件下，才更有發憤圖強的決心。而一貫養尊處優，則容易喪失進取的決心和拚搏的鬥志。父母應該清醒的認識到這一點，即使家庭條件再好，也不能讓孩子養成坐享其成的壞習慣，要盡量讓孩子獨立完成他自己應該也能夠完成的事情。例如，當孩子在寒冷的冬天不願起床的時候、當孩子難以完成一件手工製作品的時候、當孩子跳繩跳到最後筋疲力盡的時候、當孩子正在做該做的家務，小朋友來找他出去玩的時候、當孩子感冒發燒的時候……這些都是鍛鍊吃苦的場合和機會。這個時候，孩子需要父母和家人的鼓勵、勸導和鞭策，父母應該學會要求孩子堅持做完正在做的事情，要求孩子堅持與困難鬥爭。實際上，吃苦的精神就來自這最後的咬牙堅持之中。

父母只有堅持不懈的培養孩子吃苦耐勞的優秀特質，孩子長大才不至於「四體不勤，五穀不分」，才不會像報上所載的某些極少數考上大學的新生那樣，因為生活不會自理而被迫退學。

三、讓孩子懂得寬容

寬容是人類的最崇高的美德之一，它體現了一個人高尚的人格；寬容是吹拂在人們心頭的春風，它可以融化凝結在人們心頭的寒冰；寬容像一支飽蘸思想與情感的筆，它可以把胸中積怨一筆勾銷，在兩顆心靈之間架起一座友誼的橋梁。父母若想讓獨生子女學會如何與他人溝通，就首先要讓他們學會寬容。

在日常的生活與學習中，父母應該教會孩子寬容，得饒人處且饒人，不要過於斤斤計較，當然，這並不是說讓你的孩子凡事都要忍、都要吃虧，而是堅持在一定的前提下，常以一顆寬容的心去處理生活中的矛盾。這樣，孩子才能與父母、同學以及老師等在相互體諒的過程中攜手共進。

來看看一位小學生的經歷：

作為班上的總務股長，換餐卷這個任務，就落在我肩上了。由於是第一次換餐卷，對此還沒有經驗，我把餐卷發錯了。一百元一份的餐卷當成五十元一份發給了同學。餐卷發完了，但還有幾個同學沒領到餐卷。當時我急壞了，老師給的總數肯定不會錯，一定是我多發了餐卷。我著急的到宿舍去問，有沒有發錯了，同學們聽了都立刻數餐卷，把多了的還給了我。

我非常感動，發錯了餐卷，這本來是我的過錯，可同學們並沒有因此嫌麻煩，發現自己的餐卷領多了，他們立刻還給了我。幾個沒領到餐卷的同學，那天中午吃的是泡麵，當我把餐卷重新發給他們，並向他們道歉時，他們還跟我說辛苦了。當時我聽了，真的很想哭，由於自己的失誤，給同學添了這麼多的麻煩。但同學們的真誠、諒解的精神感染了我，它激勵我更加努力的工作，多為同學服務，以不辜負同學們對我的支持。

團體通常是團結、溫暖的，但在實際學習、生活中也不免發生誤會。這就需要你遇事時要多從自己身上找不足，這樣關係才有可能融洽。

記得那天正值大掃除，一個同學負責拖地，他懶懶散散的，我很生氣，心想，別的同學都很認真的工作，只有你心不在焉，太不認真了。我走上去，說了他幾句：「別人都做得很好，你為什麼不好好做呢？」他看了看我，沒有說話，但顯然生氣了。做完大掃除，我看到他正在收拾書包，心裡很矛盾，很想上去對他說聲對不起。因為以前就聽同學說過，他是獨生子，在家很少做家務活，這次，也許他很認真的去做了，但因為做不慣，沒有掃好。這麼想著，我覺得自己剛才說的話重了一些。於是我鼓起勇氣走了過去，不好意思的對他說：「對不起，剛才我的話說重了，你不要生我的氣呀！」他聽後，笑了一笑，一看到他笑，我放心了，這說明他不生我的氣了。他反問我：「你和每個同學鬧彆扭，都道歉嗎？」我說：「不，但只要我做錯了，我就會這樣做的。」從那以後，我們之間，好像從沒發生過什麼不愉快的事似的。

同學之間其實就應該這樣，只要孩子能真誠的面對每一個人，帶著寬容之心去對待每一個人，那麼，他就會贏得每一個人的心。

對於父母來說，如果你的孩子能學會寬容而又善於寬容，那他的生活將會更加愉快，他的學習將會更加順利，他的人際關係也會更加良好。

那麼，父母如何做才能讓孩子擁有一顆寬容的心呢？

第一，教導孩子擺正自己的位置，克服自我中心主義。

獨生子女大多是家庭的小皇帝，全家人都圍繞著他轉。孩子的各種要求都會得到滿足，就會認為整個世界都是以他為中心。作為家長，首先要認識到，其實孩子也只是家庭中普通的一員，不能享受過多的特權。孩子會自我尊重了，還要教會孩子尊重別人，因此父母要教育孩子懂得尊重含義的另一方面，那就是別人也是有價值的，與他一樣也是獨一無二的。

第二，教孩子學會關心他人，在關心中會寬容。

德國人最能體會寬容的真正含義，他們在教育孩子時非常注重對孩子的善良特質的培養。因此，同情弱者、善待生命是德國兒童教育的重要內容。在他們的「寬容待人」教育中，有這樣一個故事：「一個叫雪麗的七歲小女孩在自己的生日晚會上遭到好友梅芙的無端嘲諷而感到大丟面子，因而試圖報復以洩心頭之恨。但後來在母親的勸說下，她透過和梅芙談心了解到：當時梅芙餵養的小兔子突然死去，心情十分沮喪，所以才『出言不遜』。在經過一番『將心比心』後，雪麗寬容的原諒了梅芙，兩個小朋友間的友誼更加深厚了。」

在生活中碰到類似的事情時，家長不妨學一學雪麗母親的做法，讓孩子在社會交際中會關心他人，在關心中會寬容。家長不能急於求成，尤其不要自作主張的讓孩子去寬容，而是當孩子有了寬容的行為時，要及時鼓勵。教孩子學會寬容別人、理解別人，不僅幫助孩子建立了一套健康的與人交往的人生原則，同時，還賦予了孩子一種生命智慧以及換位思考的能力。

第三，創造一個和諧寬鬆的家庭環境，用自己的言行影響孩子。

孩子如果生活在一個寬容友愛、溫馨和諧的家庭環境中，會逐步潛移默化的形成一種持久的寬容忍讓的善良特質。如果一個孩子生活在敵意之中，他就學會了爭鬥……如果一個孩子生活在安全之中，他就學會了相信自己和周圍的人。如果一個孩子生活在友愛之中，他就懂得了這世界是個生活的好地方。

四、讓孩子變得堅強勇敢

讀過《鋼鐵是怎樣煉成的》這本書的人，都會把保爾・柯察金看作是堅強意志的化身。對於保爾來說，貧困、失戀、坐牢、戰爭、重傷、失明，一個接一個的挫折打擊著他，但是所有的挫折都沒有打倒這位堅強的戰士，保爾以鋼鐵般的意志頑強的戰鬥著，把自己有限的生命全部貢獻給了偉大的共產主義事業。

堅強是追求成功的核心特質，對於我們父母而言，誰都希望自己的孩子能像保爾一樣堅強。但事實上，對於大多數獨生子女來說，膽怯懦弱是普遍存在的現象。美國史丹佛大學心理學家菲力普・津巴多在對近萬人的調查中發現，大約有百分之四十的人認為自己膽怯、靦腆。膽怯有許多表現形式，如公共場所膽怯、社交膽怯、特定情境膽怯、特殊動物膽怯等。

孩子的膽量生來不一樣。有些孩子天生不愛說話，害怕生人，不敢表現自己，我們寧可把這些看成是他們的性格特點，而不要簡單的看成是缺點。有些孩子小時候活潑開朗，敢於嘗試，而父母在安全意識過強的影響下，老是不管孩子做什麼都說「危險」，久而久之，孩子就會從中總結出一條經驗：最可靠的辦法就是什麼都別動，只有那樣才是最安全的。孩子自然就成了膽小怕事、沒有勇氣的人。

在成長過程中，每個孩子都希望自己早日長大，遇事都想自己動手去試試，儘管在嘗試的過程中難免出錯，但還是希望父母給他們機會去嘗試。他們有時很反感父母保護過度，希望父母不要事無鉅細的關心他們，這樣會使他們在其他朋友面前很沒面子，好像自己是個無能兒童。他們認為，其他小朋友能做，自己也同樣能做。

其實，在某些父母看來危險，認為不適合孩子做的事情，實際上孩子是可以勝任的。只是父母出於過分的愛護，所以總對孩子的能力缺乏正確認識，導致阻止孩子去探索新的事物，熟悉新的環境，剝奪了孩子鍛鍊自身的機會。這樣，不僅在無形中傷害了孩子，更對他們的人生有著不利的影響。

有許多事實證明，父母對孩子的過分保護，會使孩子失去自信心和勇氣，變成一個懦弱的人。這樣的孩子有很強的依賴心理，甚至認為自己無能、沒有力量。

孩子在成長過程中，碰傷了膝蓋或皮肉很容易痊癒，但受了傷的自信心和沒有被開發出來的勇氣卻是永遠無法彌補的。故而，我們的父母對待孩子不應保護過度，需從小加強對孩子進行勇氣的培養，把孩子培養成堅強、勇敢的人。

第一，保護孩子的自尊，培養孩子的勇氣。

有些孩子膽子很小，父母要採用循序漸進的方法對孩子進行勇氣的培養。鼓勵孩子從身邊的小事開始，讓孩子不要有「怕」的概念。在培養的過程中，不要說傷害孩子自尊心的話，比如「人家多優秀，就你不行。」、「你就是沒用，就是個膽小鬼。」等。

孩子存在能力缺陷時，父母要耐心的加以訓練和培養。比如孩子若是說話表達不清，母親可以和孩子一起每天堅持表達訓練。父母應注意孩子的閃光點，對他的優點經常鼓勵，使孩子從中獲得尊嚴。當孩子面對新的環境時，父母要教給孩子適應新環境的方法，並教孩子勇敢的去面對。

父母一定要學會欣賞孩子。應該讓孩子感受到愛，應該告訴孩子他們的每一點兒成功父母都是非常欣賞和歡喜的，比如孩子懂得體貼大人、知道關心他人等，父母都要有反應，要表揚他們、鼓勵他們繼續。這樣孩子就會覺得父母永遠都在關注他，支持他，就更有信心和勇氣去克服困難了。

第二，讓孩子學會自己生活。

讓孩子去做一些力所能及的事，比如買東西、擦桌子、端盤子等。讓孩子透過這些活動逐漸認識自己的能力，也可以透過這些活動讓孩子有鍛鍊的機會，讓膽小的孩子慢慢的變成勇敢的孩子。

著名文學家朱自清說：「要讓孩子在正路上闖，不能老讓他們像小雞似的在老母雞的翅膀底下，那是一輩子沒出息的。」

父母的什麼都幫孩子做好是孩子形成軟弱性格的重要原因之一。一些父母對孩子百依百順，不讓孩子做任何事情，舒適、平靜、安穩的生活，剝奪了孩子自我表現的機會，衣來伸手、飯來張口的生活方式，導致了孩子獨立生活能力的萎縮。

一位獨生子女說：「我一直相信媽媽是非常愛我的，她希望用自己的肩膀為我擋住所有的風雨，安排好每一步路。可是，在她每天為我忙忙碌碌的時候，她不知道，我所有的勇氣和自信都丟失在這份特殊的關愛裡了。」

可見，要培養孩子成為強者，父母首先要鼓勵孩子做力所能及的事情，讓孩子學會自己生活，掌握自己的前程。

善於生活自理的孩子是堅強的，在生活中，他會表現出堅強的一面，在面對挫折和困難時，他會用自己的能力去處理這些問題，不會無所適從。因此，父母要讓孩子學會自己生活，讓他自己去面對問題。譬如：夜間讓孩子獨立上廁所、自己到冰箱取牛奶等。經過這些鍛鍊，以後當父母暫時離開時，稍微大一些的孩子就能夠自己待著而不害怕，當發生意外情況時，也能夠不驚慌、不哭泣等。這些看起來是小事，但是對培養孩子堅強、勇敢的特質很有益處。

父母還應鼓勵孩子多參加學校的各項活動，如體育競賽、藝文演出、演講比賽、夏令營、冬令營等，這些活動都可以鍛鍊孩子的膽量和勇氣。有條件的家庭還可以經常帶孩子去登山，去海邊游泳，去森林探險等。

第三，不要把孩子當成弱者。

在公車上，有人給一個五歲的小女孩讓座。孩子的媽媽卻對讓座的人說：「讓她站著吧，她已經到了該自己站立的年齡了！」

想讓孩子堅強，千萬不要把孩子當成弱者來看待。只有讓孩子自己去站立，他的雙腿才會堅強，他的意志也才會堅強。

著名科學家居禮夫人很重視培養孩子的堅強性格。在第一次世界大戰期間，居禮夫人把大女兒帶到戰爭前線救護傷患，讓她在艱苦的環境中鍛鍊。一九一八年，居禮夫人又要兩個女兒留在正遭到德軍炮擊的巴黎，並告訴孩子，在轟炸的時候不要躲到地窖裡去發抖。這種把孩子當成強者的態度讓居禮夫人的孩子們成為了堅強的人。

第四，教孩子凡事再堅持一下。

要看到日出，就要堅持到破曉；要得到成功，就要堅持到最後。成功，往往不在於力量的大小，而在於能堅持多久。正如邱吉爾所說：「成功的祕訣就是：堅持、堅持、再堅持！」世界上的許多成功，往往都產生於再堅持一下的努力之中。

小蘭因為上課時沒認真聽講，結果老師所出的家庭作業一個也不會做。她急得直掉眼淚，想叫爸爸媽媽幫忙，可他們卻說：「我們相信你只要再堅持自己算算看，答案就會出來了。」父母看出題目並不難，而且小蘭自己試著演算的方法步驟也對，只要她堅持到把答案算出來，問題就可以解決了，而且她透過自己的努力弄懂的題目和方法才不會忘記，對她自己有利。但小蘭卻因為覺得她將要算出的答案是錯誤的，所以失去了繼續做下去的勇氣，認為自己是不能做好那些題的。在爸爸的鼓勵下，小蘭真的算出了答案，她終於鬆了口氣，而且明白：以後遇事一定要堅持！而且，上課也一定要堅持認真聽講才行。

第五，給孩子一些劣性刺激。

劣性刺激是指一些令人不舒服或不愉快的外界刺激，這些刺激對孩子來說是必要和有益的。這些刺激主要有：

一、**困難。**

美國一些兒童專家指出，父母應該有意識的為孩子設置一些困難，常給孩子製造一些經過努力可以克服的困難。當然，在這當中，父母需要教給孩子克服困難的勇氣，也要教給孩子克服困難的辦法。

二、**飢餓**。

飢餓是一種挑戰生理極限的刺激，如今生活條件好了，很多孩子吃飯挑食，或抱怨這抱怨那，這時候，父母可以偶爾讓孩子體驗一下飢餓的滋味，讓孩子在飢餓的刺激下學會控制自己的偏好。

三、**吃苦**。

大部分孩子在面對從未做過的事或困難的時候總是顯示出嬌弱的一面，父母不妨有意識的鍛鍊孩子，比如多讓孩子參加一些野營活動，讓孩子在艱難的條件下吃點苦頭，這樣比較有利於培養孩子堅強的性格。

四、**批評**。

許多孩子的心理非常脆弱，根本無法接受別人的指責和反面評價。「沒有規矩，不成方圓。」因此，必須明確規定一些孩子不應做的事情，比如，打人、罵人、偷東西等，這些都是絕對不允許做的。如果孩子做了，就要接受批評、懲罰，有時還要嚴厲一些，這樣對孩子的身心健康成長是有益的。

五、**懲罰**。

對於孩子所犯的較大的錯誤，父母應該給予適度的懲罰，這種懲罰可以是物質上的，也可以是精神上的。比如，讓孩子面壁思過，不允許孩子買他想買的玩具等。

六、忽視。

父母總是一直以孩子為中心，無論是在哪種環境下，孩子們似乎永遠是主角。那麼，如果環境發生變化，孩子不能再當主角了，不被重視了，他的心理就會失去平衡，他就可能承受不了這種角色的轉變。因此，父母在生活中不要把孩子作為重心，有時候可以適當忽視孩子，並且教導孩子要適時的調整自己的心態，從而幫助孩子在與人的相處交往中可以保持良好的心態。

五、幫助孩子樹立自信心

自信，是人生最寶貴的財富，自信也是每個人成功的基礎，世界上大多數成功的人物都具有很強的自信心。假如在遇到困難時，我們一味的不相信自己，那麼成功就會離我們越來越遙遠。

法國教育家盧梭曾經說過：「自信心對於事業簡直是一種奇蹟，有了它，你的才幹便可以取之不盡，用之不竭；一個沒有自信的人，無論他有多大的才能，也不會抓住一個機會。」

美國的心理學家曾對一百五十名很有成就的人的性格進行過研究，發現他們都具有三種優秀的特質：一是性格上具有堅韌性；二是善於為實現自己的目標不斷進行成果的積累；三是很自信，不自卑。

偉大的詩人李白說過：「天生我材必有用。」的確，每個人都有自己的優勢所在，每個人都有尚未被挖掘出來的潛力和特質。獨生子女同樣也不例外，只要你的孩子能用尊重自己的態度去努力發掘和發揮這些潛能，他就一定能成為一個優秀的人才。

微軟亞洲研究院的主任周明擁有無數個重要的科學研究成果（其中最奇特的一項是，他在根本不懂日語的情況下發明了中日翻譯軟體），這些成就讓他成為了電腦自然語言處理領域中最有才華的科學家之一。

但是，周明心中最珍惜的成就並不是自己在研究工作中所取得的某一項發明，而是他小時候在「學生實習日」中所刷的一百零八個瓶子——正是因為在刷瓶子時打破了紀錄，周明才獲得了足夠的自信，並由此取得了成功。

在那之前，周明一直非常自卑。因為家裡很窮，父母又沒社會地位，他在學校裡見到有錢有勢人家的孩子就趕緊躲開，但還是常常被人欺負，有時候還會無緣無故挨一頓打。

那時的周明生活在一種自卑的感覺中，似乎永遠直不起腰。但是他的內心深處總有一個聲音要衝破壓抑：「我什麼時候才能體會成功的滋味呢？」

這一天是學生實習日，老師帶著周明和全班同學來到食品廠，是一間生產杏仁飲料的工廠。不過，那時候廠裡只做一種水果罐頭，而且設備簡陋，每天靠手工清洗成千上萬個罐頭瓶子。這些孩子來了，也是分配他們做這件事。瓶子都是回收來的，很髒，一不小心就會把手劃破。老師宣布展開競賽，看誰刷得最多。

周明站在孩子中間，聽到老師的號召，心裡一陣激動。他還從來沒有得過「第一」，此刻他下定決心一定要得到第一。

興奮而急切的想要表現自己的能力是小孩子通向成功的轉捩點。周明很快學會了所有的清洗工序，他刷得非常認真，一個又一個，一整天都沒有停下來，一雙小手被水泡得泛起一層白皮。結果他刷了一百零八個，是所有孩子裡面最多的。

這件事雖然已經過去整整三十年了，但周明還是記憶猶新。他說：「我原來一直是沒有自信心的，但是這件事給了我自信。就是從那天起，我知道無論什麼事只要我肯做，就一定可以做好。我發現了天才的全部祕密其實只有六個字：『不要小看自己。』那一瞬間值得我一輩子記得。我知道我的生活不同了。這是我一生中最快樂的體驗，散發著一種迷人的力量，一直持續到今天。」

所以說，自信的第一個祕密就是永遠相信自己有足夠的潛能，並因此尊重和鼓勵自己。自信的關鍵在於「自」，孩子自信心的建立關鍵在於他自己的努力，如果自己總認為自己不行，自己不給自己打氣，那麼無論其他人怎樣努力，也難以建立真正的自信。

但是，這並不代表我們做父母的對此就無能為力，只能眼睜睜的看著。有一位母親在看了李開復博士的《給家長的一封信》後給李博士回信說：「我在教育自己的一對子女時，使用的方法非常不好：孩子考試成績差了，我會給他們一頓打罵；成績考好了，我就會說，某某家的孩子比你們考得更好，直到今天我才明白他們之所以總是在人生的道路上遭遇挫折，主要是因為我的教育方式早已形成了一個阻礙他們進步的天花板。他們肯定會想，如果連母親都認為我是個笨蛋，我還有什麼理由繼續努力，現在我終於懂得，你信中說的：『在批評中長大的孩子最容易自卑，在嘲笑中長大的孩子最容易怯弱，在鼓勵中長大的孩子最有自信，在稱讚中長大的孩子最懂得寬容……』」

這位母親的話，值得所有的父母深思。

六、讓孩子學會守規矩、懂禮貌

守規矩、懂禮貌不僅能給人生帶來快樂，而且能夠幫助一個人走向成功。從外表上看，禮貌是一種表現或交際形式，但從本質上來講，它反映著我們自己對他人的一種關愛之情。所以，真正的禮貌意識必然源自於內心。

耶魯大學有一批應屆畢業生，共二十二人，實習時被導師帶到華盛頓的某實驗室參觀。全體學生坐在會議室裡等待實驗室主任胡里奧到來。這時有祕書給大家倒水，同學們毫無表情的看著他忙裡忙外，其中有一個學生還問了一句：「有咖啡嗎？」祕書抱歉的告訴他咖啡剛剛用完。當祕書給一個名叫比爾的學生倒水時，比爾輕聲說：「謝謝，大熱天，辛苦了。」這是祕書這天聽到的唯一一句感謝的話。

門開了，胡里奧主任走進來和大家打招呼，沒有一個人回應他。比爾左右看了看，帶頭鼓了幾下掌，同學們這才隨意的跟著拍手，掌聲顯得很零亂。接著胡里奧主任親自為大家講解實驗室的相關情況，他看到同學們沒有帶筆記本，就把實驗室印的紀念手冊拿來送給同學們做紀念。大家都坐在那裡，用一隻手隨意的接過胡里奧主任雙手遞過來的手冊。

胡里奧主任的臉色越來越難看，他已經快沒有耐心了。就在這時，比爾禮貌的站起來，身體微傾，雙手接住手冊恭敬的說了一聲：「謝謝您！」胡里奧聞聽此言，不覺眼前一亮，他拍了拍比爾的肩膀問：「你叫什麼名字？」比爾照實回答，胡里奧主任微笑著點頭，讓他回到自己的座位上。

兩個月後，比爾被該實驗室錄取了。有幾位同學感到不滿並找到導師：「比爾的學習只算是中等，憑什麼選他不選我們？」導師笑道：「比爾是人家點名來要人的。其實你們的機會是均等的，你們的成績甚至比比爾還要好，但是除了學習之外，你們需要學的東西太多了，修養是第一課。」

這種修養就是禮貌。從這則故事中我們不難看出修養對於一個人的重要性。比爾之所以在與別人均等的機會面前輕易勝出，完全取決於他不同於別人的良好修養。俗話說：「做事先做人。」一個人的道德修養是其事業能否成功的基礎所在。沒有修養的人，無論你的學識有多麼淵博，也是不受人歡迎的。一個人從小就要不斷提升自己的修養，因為人際關係必將決定我們的前途和命運。

孔子曾說過：「質勝文則野，文勝質則史。文質彬彬，然後君子。」這是說，只有品格質樸而不注重禮節儀表，就會顯得粗野，光注重禮節儀表，卻缺乏質樸的品格，就會顯得虛浮。只有禮節儀表與質樸的品格相結合，才是一個有教養的人。

所以，父母要從品格與禮儀兩方面去規範孩子，讓孩子養成有禮貌的好習慣。

父母應教導孩子在社交過程中應遵守的禮儀常規，如正確使用禮貌用語；進入他人房間前應先敲門，得到允許方可入內；在車上主動為老弱婦孺讓座；在公共場合不大聲喧嘩；家裡來客人要主動打招呼，遞茶時雙手奉上；別人講話時注意傾聽，不隨意打斷，不隨意插話……等等，以上種種都是守規矩、懂禮貌的一些具體形式和內容，是基本的常識。

孩子只有懂得了以上這些並努力做到，才能夠證明他掌握了最初的交際技能，懂得了初步的社會行為規範。這是孩子們發展交際能力最理想的前奏。

父母要注意的是，在孩子沒有學會禮節禮貌之前，千萬不要強迫孩子。在現在生活中，很多父母在孩子沒有禮貌的時候總會強迫孩子有禮貌，比如有客人來家裡，孩子躲在房間裡不出來，不與人打招呼，父母非得把孩子拉出來跟客人問好，結果，孩子產生了逆反心理。事實上，父母這種強迫的行為本身就是不禮貌的。孩子不願意與人打招呼必然是有原因的，比如孩子從小就很害羞；孩子認為客人是父母的客人，與自己沒關係；或者他正在做作業，一時忘記了打招呼……這時候，父母需要做的是引導孩子去跟客人打招呼，如果孩子實在不想打招呼，父母不應該強迫孩子，應該在事後告訴孩子：「與人打招呼是最基本的禮貌，你去別人家裡時也希望受到別人的熱情歡迎呀！」這樣，讓孩子設身處的為他人想想，他的禮貌舉止才會發自內心。

七、讓孩子懂得回報，擁有一顆感恩的心

父母對孩子的愛是最無私的，他們從沒想過會要孩子回報。然而，這種愛缺乏教育性，容易使一些孩子變得目中無人、自私，不知道要關心父母。所以，對於當今的大多數獨生子女來說，父母應該要求孩子回報，並教會孩子怎樣回報自己，回報他人，回報社會，這不僅是培養孩子愛心的必要手段，也是孩子健康成長的重要因素。

俗話說的好：「滴水之恩當湧泉相報。」但問題是，現在的獨生子女大多都是在父母溺愛之下長大的，他們從未有過實踐報恩的機會，也就談不上產生過回報別人的意識了。在他們看來，父母和別人為自己所做的一切都是應該的，不需要感謝，更不需要回報。一家人圍著孩子轉就好比地球圍著太陽轉一樣，像自然規律一樣。

媽媽做好了飯菜，孩子不問這些飯菜是怎麼來的，不問媽媽為了做這頓飯菜付出了多少辛苦，也不管全家老少是否吃過，上桌就吃；吃得不滿意，還要大喊大鬧「絕食」。

媽媽給的零用錢，他毫不在乎的收下，還在嘴裡嘟囔著：「怎麼就給這麼一點點啊，太小氣了！」

花起錢來，這些自小就是小公主小皇帝的子女往往大手大腳，過一個生日可以花幾千元甚至幾萬元。他們從未想過，父母賺來這些錢有多麼不容易。

孩子為什麼不珍惜父母的付出，不懂得回報呢？

因為他們不知道這一切是怎麼來的？還以為是從天上掉下來的，一切都來得容易，他享用是理所當然的。

來看一位媽媽真實的感性訴說：

前不久，我由於生病做了一個小手術，失血過多而導致貧血。因此身體特別的虛弱，自己雖然在家養病，但沒有力氣給孩子做飯的。那段時間，老公可辛苦了。他既要按時上班，又要抽空照顧我，還要給孩子做飯。有時候，因為工作的原因，老公不能按時回家，但我身體那時是不允許亂動的，一動就天旋地轉的頭暈。因此，我除了等丈夫回來再也沒有別的辦法了。

但有好幾次，我等不著丈夫，卻把孩子等回來了。孩子見我滿臉不高興，就安慰我說：「爸爸工作忙，妳別埋怨爸爸，我們會做飯，等我們放學回家做飯就好了。」多麼懂事的孩子。聽孩子這麼一說，自己還有什麼話可說呢？心裡再有不滿，也不能在孩子面前呈現了，只好讓孩子自己做飯了。

讓我沒有想到的是，兩個孩子，一個摘菜，洗菜，一個切菜，炒菜……我看著他們在廚房忙活，我心裡有說不出的高興，似乎自己的病都好了。他們知道我需要補血，就為我做了好幾樣補血的菜。我怕影響他們的功課，怕耽誤他們的學習時間，怕他們上學遲到……，要他們少做些菜，可孩子就是不聽話，還是照做不誤。

記得有一次，老二晚上可能是累了，沒有背英語單字就休息了。第二天，老師聽寫單詞考試，他錯了好幾個，因此老師罰他抄寫十遍，所以中午放學時間他不能回家的。只好讓老大買袋泡麵回家來給我吃，他們怕老公因工作忙回不了家，怕我會因此而埋怨丈夫。孩子一邊做飯一邊給我說：「媽媽，今天我一點就得去學校，我們今天煮泡麵，裡面加兩個雞蛋……」我怕他著急，不讓他洗碗，說讓老公回家再洗，可孩子「不聽話」，還是洗了碗後才回學校。

雖然在我病時，孩子共只做了三頓飯。可我的腦海裡時常顯現出孩子做飯時的情景。孩子們的愛，常常表現在細微之處，他不像一百分、獎牌那麼現實，但卻是人生路上的豐碑，是父母辛勤付出後最殷實的收穫。

孩子為父母做一頓飯，在有些父母看來沒有什麼大不了的，但這些父母應該知道這畢竟是孩子的一顆愛心！這顆愛心是稚嫩的，你在乎它，它就會長大；你忽視它，它就會枯萎；你打擊它，它就會死去。如果你想讓自己的孩子懂得回報，首先就一定要在乎這種回報，精心的呵護它、培育它。

父母如何讓孩子懂得回報呢？

第一，父母要善於向孩子索取。

父母下班回家了，讓孩子為自己端把椅子；累了，讓孩子給泡杯茶；與孩子一起上街購物時，要求孩子幫助提一部分東西。

第二，讓孩子懂得分享。

無論為孩子買什麼好吃的東西或給孩子什麼好吃的東西，在孩子謙讓給你時，都不能違心的說：「我不喜歡吃。」而是要說：「我也愛吃。」讓孩子留一份給父母。

第三，提示孩子在自己力所能及的範圍內回報父母。

可以明白的告訴孩子，父母也需要回報。父母應該經常教育孩子，自己能做的事自己去做，學習上的任何一點進步，都是對父母的具體回報，孩子也應當做出這種回報。

第四，對孩子的回報應做出高興的表示。

孩子在關心父母方面做出任何一點行動，父母都應當感到高興，要對孩子說，孩子的愛使父母感到非常愉快，孩子的關心是父母生活中不可缺少的一大精神支柱。

第五，及時的表揚孩子。

當孩子在精神或物質上有了回報行動時，父母應及時給予肯定和表揚，這是對孩子回報行為的強化，以後他才會繼續做出這種回報。

第六，教育孩子懂得愛。

教育孩子懂得愛是人類共同的語言。要孩子知道：人來到世間，就應承擔對家庭、對團體、對社會的一定義務，這是與生俱來的「天職」。只要人人都獻出一點愛，世界將會變成美好的人間。

第七，給孩子創造學會愛和表現愛的機會。

父母應積極給孩子創造學會愛和表現愛的機會。比如：家中的老人、親友或班上小朋友病了，帶孩子前去看望；帶孩子參加為貧困地區和受災地區捐款捐物的活動；要求孩子有了新玩具、新書和好吃的，主動給其他小朋友分享。透過這些活動，讓孩子體驗和強化孝敬長輩、關愛他人和回報社會的情感。

八、教孩子分清是非善惡

現在，儘管提倡的是品格教育，但在很多父母眼裡，學習知識才是教育中最重要的，他們不厭其煩的督促孩子學習，認為只要孩子學的好，掌握知識就萬事大吉了。這種觀點是膚淺的，至少是不全面的。

父母應該認識到，一個即使掌握了大量知識的孩子，只要他沒有在學習知識的過程中獲得一種特別的能力，那麼這些知識便毫無用處，即使有用處，也是有危害性的用處。

這種特別的能力指的是什麼呢？就是對是非善惡的分辨能力。

獨生子女在幼兒期如果沒有受到良好的管教，他們就會缺乏是非觀念，不能形成辨別善惡的良知，偷了別人的東西也不覺得羞恥，甚至認為只有蠢蛋才會被偷，是他活該倒楣。

來看一個例子：

一個名叫秋興的孩子，在他差一個星期就可以離開輔育院的時候，他和一位心理專家進行了一次談話。當專家問他在輔育院待了一年都學到了什麼，有沒有好好反省時，他的回答竟是：「這一年我一直在反省，當初為什麼會失手被逮住，結果發現是因為我找了兩個笨手笨腳、沒見過世面的共犯。這次出去以後，我一定要物色一個靠得住的夥伴。而且今天在台南市作案，明天一定要轉到嘉義市下手，絕不在同一個地方連續作案。」

這就是他在輔育院蹲了一年的收穫。

秋興來自一個犯罪家族，父親有二十多次前科，母親也有十多次前科，六個哥哥也是前科累累。如果把他送回家，在那樣的環境下根本不可能改過自新，所以院方打算讓他在離開輔育院後，住進更好的保護所。不料，他只在那裡待沒幾天就溜了，而且從第二天起就夥同「靠得住」的共犯，在全國各地展開了「巡迴盜竊之旅」。

據秋興回憶，在他三歲那年的某個黃昏，他和父親一起去散步。走著走著，突然發現前方有一個別人掉了的錢包，父親立刻對他說：「去，把錢包撿起來。」秋興移動粗短肥胖的小腿，搖搖晃晃的走向前去，抓起地上的錢包，交給父親。

很不湊巧，這一幕被路過的員警看到了。員警把他們父子帶回警察局，訓斥了一個多小時，苦口婆心的對他父親說：「你這個做父親的應該好好教養孩子才對呀，你沒聽人家說『三歲看大，七歲看老』嗎？從小就要好好的教育孩子才對啊！」

回家以後，他父親轉念一想，員警說得一點兒沒錯，應該從小就好好教孩子。於是，他把秋興叫過來，把自己的皮夾往前一扔，說：「來，秋興，你看，那裡掉了一個皮夾。當你在路上看到一個『獵物』時，眼睛千萬不要發亮，也不要加快腳步走過去。記住，要若無其事的接近它，不著痕跡的把隨身攜帶的手帕丟在它上面。然後在彎腰撿手帕的時候，順便把皮夾撿起來，這樣才能神不知鬼不覺的把『獵物』弄到手。懂不懂？」

父親一面說一面表演給秋興看。

秋興的父親不但沒有從小禁止他偷竊，反而認真傳授他各種偷竊的絕活，使他的良知沒有機會萌芽生長。所以秋興四處偷竊，從來不覺得內疚，反而樂在其中。

心理專家問秋興：「當輔育院的老師對他說，不應該偷別人的東西時，他有什麼感想？」

秋興老老實實的回答專家：「我覺得他們好像是張著嘴在吐氣的金魚，說了一堆我從來沒有聽過的神話。」

秋興現在仍然像鐘擺一樣，在監獄內外來回擺蕩，前科次數早已突破二位數了。三歲時的教養，就這樣毀掉了孩子的一生。這是一件多麼可怕的事情啊！

這個例子的教訓與警示意義，是非常深刻的。秋興的良心，早讓父親教給他的那套東西給腐蝕掉了。因此，在他的心目中，從來就沒有真正的是非、善惡、美醜的觀念，長大後有如此的言行舉止，就不能讓我們感到奇怪了。也許讓我們奇怪的是，世上竟還有這樣的父親，為了一點點錢財，居然用自己的行動，毀掉了孩子的一生。

事實上，現實生活中，像秋興父親這樣的家長是少之又少的。但這並不代表我們的家長對子女的道德教育就是合格的。很多家長雖然不會教孩子學壞，但卻也沒有用盡全力去教孩子學好，沒有深入的教孩子怎樣正確的分辨是非善惡。

父母之所以這樣做，一方面是因為把對孩子教育的重點放在了學習上，另一方面是認為孩子不應該過早的接觸「非」與「惡」，認為這會給孩子的心理造成陰影。

的確，保持孩子純潔的心靈很重要。但是，讓孩子盡早了解世界的本質，引導他們向「善」更為重要。現在的社會，有很多父母在教孩子什麼是善，但卻很少有父母告訴孩子什麼是真正的惡。

殊不知，不知道什麼是惡，又豈能真正行善。

一天，父親和卡爾在市場上買日用品，買完東西正準備回家時，卡爾被幾個年輕人吸引住了。

「爸爸，你看那些人多有風度呀！」

「哦？」父親看了看那幾個年輕人問他：「他們怎麼有風度了？」

「他們的衣服整潔華麗，還戴禮帽！他們是道地的紳士。」卡爾很讚賞。

孩子就是這樣單純，往往只能看到表面。小卡爾此時也被那幾個年輕人的外表迷惑了。

據父親所知，那幾個年輕人實際上並不是什麼紳士或有教養的人，而是一些遊手好閒的小混混。

一般來說，大多數父母在這種情況下不是含糊的向孩子解釋一下就是根本當什麼事也沒發生過便帶孩子離開了。

但卡爾的父親覺得有必要讓卡爾知道那幾個年輕人的真相。當然，重要的並不是知道真相，而是讓他清醒的認識周圍的人和事。

於是，父親對卡爾說：「這樣呀！那我們現在就跟著他們，看看他們是不是真正的紳士。」

說完，父親給卡爾使了個眼色，示意他不要表現出在跟蹤的樣子。

一會兒，「紳士們」的狐狸尾巴就露出來了，邊走邊趁人不備偷走貨攤上的東西，有時是個蘋果，有時是一盒香皂。卡爾見狀，小聲說：「爸爸，他們在偷東西！」

「現在你知道他們的真面目了吧？」

「他們看上去都是有錢人，為什麼要做這些不光彩的事呢？」卡爾很不解。

「這就是我為什麼經常要求你學會看清周圍的人和事。記住，眼見並不總為實。一定要用腦子判斷你看到的一切。」

卡爾傷心的搖搖頭：「人為什麼那麼複雜？」

不可否認，讓孩子了解世事的真相有時確實很殘酷，但儘管如此，這樣做還是非常必要的，因為這對孩子的將來立足社會是大有好處的。

九、培養孩子的樂觀心態

樂觀是孩子對未來充滿信心和希望而又不斷進取的個性特徵。關於樂觀，法國作家阿蘭在論述把快樂的智慧用於與煩惱做各式各樣的鬥爭時說：「煩惱是我們患的一種精神上的近視症，應該向遠處看並保持積極樂觀的心態，這樣我們的腳步就會更加堅定，內心也就更加泰然。」

事實正是如此，樂觀是一種性格或傾向，使人能看到事情比較有利的一面，期待最有利的結果。兒童心理學家馬丁・塞里格曼認為，樂觀不但是迷人的性格特徵，還有更神奇的功能，它能使人對生活中的許多困難產生心理免疫力。樂觀的性格是孩子應對人生中的悲傷、不幸、失敗、痛苦等不良事件的有力武器。樂觀的孩子不易患憂鬱症，他們也更容易成功，身體也比悲觀的孩子更健康。

塞里格曼認為，樂觀與悲觀的最大區別就是對有利和不利事件原因的解釋。樂觀主義者認為，有利的、令人愉快的事情總是永久的、普遍的，他們能夠促使好事發生，而一旦不利的事件發生，他們也只視為是暫時的。悲觀主義者則認為，好事總是暫時的，壞事才是永遠的。在解釋壞事發生的原因時，他們不是責怪自己，就是諉過別人。

心理學家指出：「樂觀是成功的一大要訣。」他說，失敗者通常有一個悲觀的「解釋事物的方式」，即遇到挫折時，總會在心裡對自己說：「生命就這麼無奈，努力也是徒然。」由於常常運用這種悲觀的方式解釋事物，無意中就喪失鬥志，不思進取了。而且長此以往，還會損害身體健康。

值得慶幸的是，孩子樂觀的性格是可以培養的。早期誘發理論認為，人的性格是在後天的環境中逐步形成的，樂觀的性格可以透過實踐逐步培養，悲觀的性格也可以在實踐中逐步改塑。

那麼，父母要怎樣來培養獨生子女樂觀的習慣呢？

第一，要引導孩子擺脫困境。

每個孩子都會碰到不稱心的事情，即使天性樂觀的孩子也是如此。當孩子遇到困境時，往往都會表現出來，或寫在臉上，或表現在語言行動上。所以父母要多留心孩子的情緒變化，如果孩子悶悶不樂，就算父母再忙，也要擠出一點時間和孩子交談，教育孩子學會忍耐和堅強，鼓勵孩子凡事多往好的方面想，不要都往消極的方面想。

一天，媽媽從幼稚園接艾利回家時，發現她有一點兒悶悶不樂。於是媽媽問道：

「艾利，今天幼稚園做了什麼好玩的遊戲呀？」

「今天一點兒都不好玩。」艾利嘟著小嘴不高興的回答。

「為什麼呀？出了什麼事嗎？」媽媽問道。

「今天幼稚園來了一個新同學，她很會彈鋼琴，老師讓她彈了好幾首曲子，同學們都說好聽，下課也都只圍著她，叫她彈琴給他們聽。同學們都不理我了！」原來，艾利今天在幼稚園受到冷落了。

「那不是很好嗎？以後，妳就多了一個會彈鋼琴的朋友，你們可以互相學習啊，妳不高興嗎？」媽媽引導艾利。

「可是，同學們都不理我了呀！」艾利有些著急了。

「只要妳和同學們一樣與那位新同學一起玩，妳們不是都可以玩得很開心嗎？其他同學還是會跟妳一起玩的呀！是不是？」媽媽問道。

「嗯，好像是。」顯然，艾利同意了媽媽的看法。很快，艾利又恢復了往常的快樂。

父母一定要注意觀察孩子的情緒，只要孩子願意與父母溝通，父母就要引導孩子把心中的煩惱說出來，這樣，煩惱就會很快消失，孩子也會恢復快樂。當然，父母也可以幫助孩子克服一些困難，教孩子用正確的態度和措施來保持樂觀的情緒，這些都是促使孩子擺脫消極情緒的好方法。

第二，父母要做個樂觀的人。

父母在教育孩子的過程中，自己首先要做個樂觀的人。每位父母在工作、生活中都會不可避免的會遇到各種困難，父母如何處理解決這些困難會直接影響孩子的做法。如果父母在面對困難、挫折時能保持自信、樂觀的態度，並仍然積極進取、奮發向上，那麼孩子就會受父母的影響，在遇到困難時，也能樂觀的去面對。

平時，父母應該多向孩子灌輸一些樂觀主義的觀念，讓孩子明白，令人快樂的事情總是永久的、普遍的，一旦有不愉快的事情發生，那也只是暫時的，只要樂觀的對待，一切不愉快就都會很快過去，生活仍然是美好的。

第三，不要對孩子「抑制」過嚴。

許多孩子不快樂主要是因為他們沒有自由。父母由於對孩子太過溺愛，往往會抑制孩子們的一些行為和舉動，甚至替孩子包辦一些事情，這樣下來，由於孩子無事可做，所以也就無法體會做事的樂趣了。

美國兒童教育專家認為，要培養孩子樂觀開朗的性格，就不要對孩子「抑制」過嚴，而是要允許孩子在不同的年齡段擁有不同的選擇權。

例如，對於兩三歲的孩子，應該允許他自己選擇早餐吃什麼，什麼時候喝牛奶，今天穿什麼衣服；對於四五歲的孩子，應該允許他在父母許可的範圍內挑選自己喜歡的玩具，選擇週末去哪裡玩；對於六七歲的孩子，應該允許他在一定的時間內選擇自己喜歡看的電視節目，什麼時候學習等；對於上小學的孩子，應該允許他結交朋友，帶朋友來家玩等。

一般來說，只有從小就享受到「民主」的孩子，才會感受到人生的快樂。因此，聰明的父母有時不妨「懶惰」一下，讓孩子自己去選擇、處理自己的事情。

第四，允許孩子表現悲傷。

孩子在遇到困境時，往往會表現出悲傷。父母應該允許孩子將這種悲傷自在的表現出來。如果孩子在哭泣的時候，父母要求孩子停止哭泣，不能表現出軟弱，孩子就會把心中的悲傷積聚起來，久而久之，反而容易造成孩子的消極心理。

憶嘉從小就非常要好的朋友秀卉在班上結識了一個外地轉學來的同學，從此，秀卉與新同學的關係就一天比一天親密了起來，而與憶嘉卻一天天疏遠了。當憶嘉感覺到這種情形的時候，她非常傷心。她向媽媽哭訴自己遇到的情況，誰知，媽媽並不理解憶嘉的想法，反而呵斥道：「這麼一點兒小事值得大驚小怪嗎？真是沒用！」

媽媽的呵斥讓憶嘉更加傷心。從此，她變得鬱鬱寡歡，以後不管遇到什麼事情就再也不對媽媽說了。等媽媽意識到憶嘉的變化時，憶嘉已經變得非常悲觀了。

可見，對於孩子表現出的悲傷或軟弱，父母不應呵斥，而應該讓孩子盡情的發洩心中的鬱悶，只要孩子發洩夠了，他自然會恢復心情的平靜。當然，如果孩子需要父母的幫助，父母應該及時提供幫助並給予安慰，用同理心去感受孩子的情緒，努力引起孩子的情感共鳴，從而緩解孩子的不良情緒。

第五，引導孩子對自己的明天充滿希望。

樂觀的孩子往往對未來充滿了希望，悲觀的孩子則往往覺得沒有希望。因此，父母要對孩子進行希望教育。希望教育是一項細緻的工程，需要父母及時的感受到孩子的沮喪和憂愁，幫助孩子驅散心中的陰影。

小禾因為自己期末考試沒考好，哭著睡著了。第二天在她睜開眼睛醒來時，媽媽走過來將她房間的窗簾拉開，讓早晨的陽光透進房間，並微笑著說：「多麼美好的一天！」小禾也感受到媽媽的好心情，臉上出現了笑容。於是，媽媽趁機對她說：「這次沒考好沒關係啊，只要妳記得以後要更努力，相信下一次妳會考得很好的！對不對？」小禾笑著堅定的點了點頭。

所以，父母要能夠多引導孩子看到自己的進步和成績，鼓勵孩子想像自己的美好未來，讓孩子對自己的未來充滿希望。只要孩子對未來充滿了希望，孩子必定會以樂觀的心態去面對生活中的難題。

第六，父母要注意多幫助孩子豐富他們的精神生活。

豐富孩子的精神生活可以使孩子把注意力轉移到其他事情上來。一方面，父母要鼓勵孩子廣泛的閱讀，可以選擇閱讀偉人的故事、童話、小說等文學作品，讓孩子在閱讀中增加知識，昇華思想。

另一方面，父母要鼓勵孩子多交朋友。要為孩子多創造與同齡人交往的機會，如帶孩子到鄰居家串門子，邀請其他孩子到家裡來玩，讓孩子多到同學家去玩等。另外，父母可多參加一些活動，如帶孩子外出遊玩，也可讓孩子做一些創造性的活動，如利用廢物製作小作品，透過豐富孩子的精神生活，讓孩子在各種活動中體會到生活的樂趣，增強對生活的信心，培養孩子樂觀的性格。

另外在孩子參加各種活動時，父母可以暗示孩子主動提問、主動要求、主動學習。當孩子主動行動了，父母要用表揚、獎勵等方法趁機強化孩子的自主觀念，

值得注意的是，即使孩子主動去做了某件事，但也不一定會成功。這時父母要鼓勵孩子，告訴孩子「人生不如意事十有八九」，失敗了一次不要緊，失敗了就重新再來。讓孩子接觸各類事物，接觸的事情多了，見多識廣，心胸自然就開闊起來，悲觀思想便不容易產生了。

第七章　如何教，獨生子女才能提高成績

一、教孩子找到學習的目標

很多獨生子女在學習時往往缺乏一個正確的目標，不知道自己為什麼而學習，因而也就缺乏學習的動力和興趣。事實上，學習不可盲目，必須要為自己的學習設立一個適當的目標。因為，有了目標，學習便有了前進的方向，並因此而產生前進的動力，從而有效激發我們的上進心，而達到目標後又可增強我們的成就感，繼而取得好的成績。

同時，一個適當的、具體的學習目標還能規範孩子學習的內容。在品格教育的大前提下，如今的學習一方面是在提高個人的品格，另一方面也是在為進入社會做準備。而在目標的指導下，就可以規劃出幾年內的學習體系，在這期間的每一種選擇都是在豐富、充實它，就像孩子入學時的課程選擇，其實就是在為自己的專業方向規劃一個學習體系。

關於目標的重要性，曾經有人做過這麼一個實驗：讓三組人分別沿公路步行前往一個從未去過的村莊。

第一組：實驗者不告訴實驗對象距離目的地有多遠，只要求他們跟著嚮導走就是。

第二組：實驗者只讓實驗對象知道距離目的地有五十公里。

第三組：實驗者不僅讓實驗對象知道距離，還讓他們知道路邊每隔一公里就有一塊里程碑。

實驗的結果是：第一組人越走情緒越低落，絕大部分人沒有堅持到底；第二組人走到一半後開始叫苦，最後只有很少一部分人到達終點；而第三組人一直充滿信心，精神飽滿，絕大多數走到了目的地。

一個簡單的實驗，把目標在成功中的重要性演繹得淺顯易懂。在我們人生的漫漫征途中，有沒有一個目標，目標是否明確，是至關重要的。

實驗中的三組人分別代表了三種不同的人。

第一種人：他們有目標，卻不知道實現這個目標需要花多少時間，需要付出多少努力。這樣的人，在實現目標的過程中，隨著時間的推移和困難的加大，其熱情勢必難以保持，最終大多會選擇放棄。這就如同前面實驗中第一小組的情況。

第二種人：他們知道實現目標要付出的代價，但是，在為實現目標奮鬥的過程中，一旦遇到了挫折，他們就看不清自己與所定目標之間的距離了。這時，他們也無法再堅持下去。這就是實驗中的第二組人。

第三種人：他們不僅知道實現目標要付出的艱難，而且，在不同階段，他們都能看到自己取得的成績，看到自己和目標間被縮短了的距離。這樣一來，他們就總能及時給自己補充動力，堅持走下去就顯得容易多了。這就像實驗中的第三組人，他們不僅知道這次行程是五十公里，而且，每隔一公里，都會有一塊里程碑在告訴他們：你們離目標又近了一公里。

由此，我們不難看出，目標對於成功有著多麼重大的意義。

父母若想幫助獨生子女有效提高自己的成績，就一定要讓孩子設定一個適當的目標，所謂適當，是指這個目標不能太高也不能太低，要符合自己的實際情況。如果目標定得太高，會使孩子因為達不到目標而失去信心，導致成績下滑。舉個簡單的例子，有一個同學，平時各科成績只在七八十分之間，期末考試之前他竟滿懷熱情的一下子將目標定為各科成績都要達到九十五分以上。這個目標顯然是脫離現實的，即使他在臨考前晝夜不休的拚命學習，想要一下子從中等成績躍升成為前幾名，也是沒有多大可能性的。事實也證明，他失敗了。而目標定的太低，也是不行的，比如，一個平時各科成績都在九十分以上的同學，而期末考試成績卻只要求達到九十分即可，這個目標顯然又太保守了，這樣的目標就產生不了激勵作用和推動作用，就失去了定目標的意義。

那麼，父母怎麼做，才能幫助孩子設立一個正確的目標呢？

第一，以孩子的興趣為出發點，幫助孩子制定最符合自身情況的學習目標。

父母應該充分調動孩子的興趣。當孩子發現某一學科的知識對自身具有重要意義時，他們往往能將這一門學科學得非常好。

小超從小就喜歡做各式各樣的數字遊戲，對數學這一科目有著獨特的愛好。他的爸爸發現了這一點，就鼓勵孩子參加各種數學競賽，在爸爸的鼓勵下，小超多次參加國際數學奧林匹克，都取得了不錯的成績。最終，他考上了某著名理工大學的數學系，最近正在準備出國。

第二，鼓勵孩子透過對自身的確實了解，自己給自己制定學習目標。

當孩子被鼓舞和被信任有能力做一件事情時，他們往往能爆發出最大的潛力，把事情做到最好。所以，父母應該鼓勵孩子透過對自身的了解，讓孩子自行制定適合自身的學習目標，並不斷給予孩子信任和鼓勵。

第三，讓孩子清醒的認識到自己的學習水準，不要制定超出自身能力的學習目標。

父母要讓孩子認識到，制定學習目標要符合自己的實力和水準，不可過高也不能過低，這樣，才能一步一步的實現目標。

第四，讓孩子圍繞著學習目標，靠自身的努力去實現它。

孩子的學習目標一旦確立下來，就要靠自身去努力奮鬥。有一個孩子在學習時，目標一直不改，但學習成績並未得到明顯的提高。但自始至終，他都沒有氣餒，一直在與他的父母、老師和同學探討如何克服困難，去努力去奮鬥，才能達到目標。而當他感到挫折和失敗時，父母並未強制性的打罵他，而是理性的幫助他分析原因，鼓勵他重新拾起勇氣，繼續努力。後來，這個孩子的成績得到大幅度提升，考試名次在全年級中上升了一百多名。

二、幫助孩子減輕學習壓力

學習壓力大是大多數獨生子女要面對的現實。

不管是學習成績好的孩子還是成績差的孩子，對過量的作業表示厭煩，對頻繁的考試心有餘悸，都是十分常見的，有的孩子甚至患上了考試焦慮症。

學習是學齡前獨生子女最主要、也是最重要的生活內容。有研究表明，學齡兒童各類不適應問題的出現，有百分之八十與他們的學業有關。一些表現在不良情緒上、行為舉止上的問題，其根源仍在學習的適應不良上；而另一項研究亦指出，有百分之九十的學齡兒童會發生各種各樣的學業適應不良。

當你的孩子出現下述情況時，他可能已經因過度的學習壓力發生了適應不良，如不能及時注意到並盡快予以糾正，後果將十分嚴重：

對老師傳授的知識不感興趣，上課無精打采，經常性的打瞌睡或思想分心走神，課堂上小動作特別多，不僅自己精力不集中，而且故意引起別的同學的注意，經常被視為破壞課堂紀律；

故意拖延時間不去做作業，做也是敷衍了事，經常性的抄同學的作業或不完成作業，甚至於一見到作業就厭煩、就發火、脾氣暴躁或者哭泣，有時還會出現噁心、嘔吐等生理反應；

害怕考試，對考試表現出明顯的焦慮，考前過分緊張，睡不好覺，考試時腦子裡一片空白，平時會做的題目都忘得一乾二淨，甚至到了談考試色變的程度，或者發生病理性反應；

因為學習成績較好，對自己總是有很高的要求，特別在乎成績的排名，總想爭第一，稍有失誤就痛不欲生，對自己過分苛刻和嚴厲，有時會在同學面前故意裝作輕鬆，有意表現自己都在玩樂、常常看電視，以掩蓋死命讀書做題的真實情況；

因為對學習的厭煩而和老師的關係過分緊張，從內心裡不喜歡、甚至憎恨老師，有的孩子會對所有的老師都沒有好感；

和家長關係緊張，特別厭煩家長督促檢查自己的學業，不願意和家長討論有關學習的事，對家長提出的成績及排名要求非常反感並表現出強烈的反抗，經常因此而發生強烈的親子衝突；

因學習成績差而過分自卑，對自己沒有信心，經常為自己的成績或其他方面的不足而苦惱，心理脆弱，有時會因此而離家出走，甚至會因此而產生輕生的念頭，尤其是在考試前後、作業太多或學習遇到挫折的時候；

凡以上種種表現都應該引起家長們的高度重視，切實的給予引導，幫助孩子們去緩解壓力，獲得積極的生活狀態。

第一，**轉變教育觀念，樹立全方位教育的新認識。**

在這裡最重要的是破除「成功唯有上大學這一條路」的思想，要認真思考孩子的長短處、興趣偏好，和孩子一起精心設計他的成材之路，對於那些學習確實存在種種障礙的孩子，要在科學分析的基礎上敢於另闢蹊徑。

第二，**花心力解決孩子的學習動機問題。**

家長要常鼓勵孩子，不斷在孩子面前樹立起各種小而直接的目標，用講故事、樹立榜樣等方法激發孩子的興趣，並潛移默化的向孩子灌輸健康的人生觀和價值觀，幫孩子將目光投向社會、世界、未來。

第三，家長要特別重視孩子良好的學習習慣的養成。

孩子缺乏學習興趣，學習發生困難大多數不是因為智力問題，而是沒有養成良好的學習習慣。家長要注意培養孩子良好的心態，有意識的訓練孩子的注意力、認真態度、較長時間專注一件事的習慣和整潔嚴謹的做人處世態度。

第四，確實幫孩子解決學習上的問題。

目前的國中小學課程有一定難度，有的孩子因為某一個問題沒弄明白，一步沒跟上步步跟不上，漸漸失去了學習的信心和興趣。所以家長要從上一年級開始，就注意孩子是否跟上學習進度，最好能每週和孩子一起總結一次，發現哪裡出現問題就要及時補上。孩子在學習上的困難得以解決，興趣必然提高。

第五，要以積極、鼓勵的態度對待學習成績偏差的孩子。

一時的分數低，並不代表全部，也不能就此認定孩子學習不好。在幫助孩子克服學習上的困難的同時，還要不時的給予鼓勵，特別要注意發現孩子在學習以外的優點和長處，同時輔以必要的嚴格要求，兩方面交替對孩子施以刺激，達到強化學習動機的目的。

三、教孩子正確面對學習上的挫折

來看一則真實的新聞：

高三學生張羽因指考分數與預估分數相差甚遠，與理想大學無緣而在家自縊身亡。據張父說，指考分數揭曉後，張羽考出的分數與原先估計的相差甚遠。張羽沉默了好久，但是看上去還算正常。第二天，張羽與其父一起查詢志願，並打聽是否可以上重考班，晚上九點多他便上樓睡覺去了。

但是，當天晚上十點二十分時，張羽的母親上樓睡覺時，卻發現張羽割腕自殺，一家人趕緊送他去醫院搶救，可為時已晚……

像張羽這樣的獨生子女在現實中並不少見，每過幾年都會有一些類似的學生，因為學習成績不理想，經受不住這樣的挫折，而選擇輕生的道路。

事實上，每個孩子在學習中都會或多或少碰到一些挫折。學習挫折是指學習目標的實現受到阻礙，一時又無法克服而產生的情緒反應或緊張狀態。這種現象在學習過程中是經常發生的。如：講課內容聽不懂，記憶力衰退，考試失敗等。

前微軟全球副總裁、「產業先鋒獎」最年輕的院士張亞勤，是在一個出類拔萃的科技大學「神童資優班」裡培訓出來的。但在當時，全國大多數人都只知道有一個被譽為「第一神童」的叫寧鉑的孩子。二十年過去了，寧鉑悄悄的從大眾的視野裡消失了，而當年並不知名的張亞勤卻享譽海內外，這是為什麼呢？

歸根究底，是他們抗挫折能力的差別導致了今天的差距。因為成長過程過於順利，致使寧鉑很難有勇氣面對失敗。大學畢業後，寧鉑雖然強烈的希望報考研究所，但他一而再、再而三的放棄自己的希望。因為他太害怕失敗了。而張亞勤在挫折面前勇於進取，不怕失敗，從而鑄就了他今日成就。

事實上，學習挫折不是無緣無故產生的，它是由一定的原因引起的。

首先，學習動機不明確。

教育心理學研究認為，學習動機是直接推動學生進行學習的一種內部動力，是激勵和指引學生進行學習的一種必要的心理狀態。有的學生由於學習動機不明確，他們不清楚自己為什麼要學習，總覺得學習是件苦差事，沒有學習願望，對學習不感興趣，缺乏學習自發性和求知欲望，因此，一提到學習就經常會產生嚴重的挫折感。

其次，學習意志不堅定。

意志是一個人為了達到既定目標而自發性努力的心理活動，它是完成個人目標所必備的心態。在學習中會遇到很多困難，而克服這些困難需要堅強的意志。德國天文學家克卜勒，從童年開始便多災多難，在母親腹中只待了七個月就早產來到了人間。童年患上天花，使他的視力衰弱，雙手殘廢，因而限制了他天文觀察的能力。但他憑著頑強、堅毅的特質發憤讀書，學習成績遙遙領先於他的同伴。後來因父親欠債使他失去了讀書的機會，他就邊自學邊研究天文學。在日後的生活中，他又經歷了多病、良師去世、妻子去世等一連串的打擊，但他仍未停下天文學研究，終於在五十九歲時發現了「行星運動三大定律」。他把所有的不幸都化作了推動自己前進的動力，以驚人的毅力，摘取了科學的桂冠，成為「天空的立法者」。

父母若想教會孩子正確的面對學習挫折，可以從以下幾點做起：

第一，**教會孩子正確認識挫折**。

家長要讓孩子明白，一個人一生中在學習、生活中遇到各種的挫折是很正常的事情，挫折並不等於絕境。在遭受挫折時，要學會了解自己受挫時的思想與心理，才能及時調整，要學會克服困難，學會經受實踐的考驗。當再次遇到挫折時，就能理智的控制自己。

第二，**多肯定和鼓勵孩子**。

當孩子遇到挫折時，父母應當及時去關心和鼓勵孩子，給孩子安慰、鼓勵和必要的幫助，使孩子不會感到孤獨無助。

這時，父母要盡量避免消極否定的評價，比如「不要再試了，再試也沒有用的。」、「做不好就別做了。」、「怎麼這樣笨，別人早就做完了。」等，這種話只會強化孩子的不自信和失敗感，家長不妨採用一些積極肯定的評價。如「雖然你沒有成功，但我要表揚你，因為你有勇氣去試試就很好。」、「你一定要相信自己，爸爸媽媽相信你可以。」這樣做會使孩子意識到自己的努力是受到肯定和讚揚的，自己完全不必害怕失敗，從而慢慢學會承受和應付各種困難挫折。

第三，培養孩子對待挫折的正確態度。

作為孩子，對周圍的人和事物的態度常常是不穩定的，易受情緒等因素的影響，在碰到困難和失敗時，他們往往會產生消極情緒，不能以正確的態度對待失敗和挫折，這時，家長要及時告訴孩子，「失敗並不可怕，你只要勇敢，一定能做好的。」、「從失敗中吸取教訓，看一看下次該怎樣做才好。」。家長要有意識的將孩子的失敗作為教育的契機，引導孩子重新鼓起勇氣大膽自信的再次嘗試，同時，教育孩子敢於面對困難和挫折，提高克服困難和抗挫折的能力。

第四，讓孩子適當受一點批評。

有的家長總怕孩子受委屈，即使孩子做錯事，也從不說孩子的不是，久而久之，使孩子養成了只聽得進讚揚的話，而不能接受批評的壞習慣，在學校一受到老師、同伴的批評，就會出現蹺課、與同學發生衝突的事件。因此，家長應該讓孩子認識到每個人都有缺點，這些缺點自己不知道，但別人很容易發現，只有當別人批評你時，自己才知道錯在哪裡，別人指出自己的缺點並非討厭自己，而是在幫助、愛護自己，讓孩子懂得有了缺點並不可怕，改正了就是好孩子。

第五，給孩子提供一些鍛鍊的機會。

家長要提高認知，改變原來的教養態度，讓孩子走出大人的「保護圈」，放開手腳，不要怕孩子摔著、碰著、餓著、累著，孩子摔倒了鼓勵他自己爬起來；對挑食、偏食、厭食的孩子，餓他一兩頓又何妨。孩子的事情讓他自己做，自己能解決的問題家長不要去幫忙，例如，要玩具自己去拿、衣服褲子自己穿。在家庭生活中，要安排孩子做一些力所能及的事，切不可把孩子成長過程中的困難都解決掉，把他們前進的障礙清除得乾乾淨淨。

第六，挫折教育要因人而異。

同一挫折不同的孩子會產生的心理反映不同，因此，家長要根據孩子的性格進行挫折教育，如果自己的孩子自尊心較強，好強、愛面子，遇到挫折容易產生沮喪心理，對這類孩子父母不要過多的埋怨、批評，而是點到為止，多加鼓勵；較自卑的孩子，本來對自己的能力就缺乏信心，父母切忌過多指責，而要多加安慰，要善於發現他們的長處，創造成功的機會，增強其自信心。

其次，要根據孩子的能力進行教育，能力較強的孩子遇到挫折時，家長應重在啟發，幫助他們發現受挫的原因，並放手讓他們去解決問題；能力較弱的孩子，應該幫助他確立切合實際的目標，制定由低到高、由易到難的計畫，使孩子能不斷的看到自己的進步，從而逐步形成克服困難和挫折的能力。

四、教孩子學會向他人求助

「三人行，必有我師焉。」可現代的獨生子女往往是「在家像猛虎，出門像病貓」，只會在家裡對家長發號施令，卻喪失了向他人求助的意識和能力。遇到困難、危險不會求助、求援，不懂合作，後果令人擔憂。大火壓境，螞蟻尚且知道合作逃生，難道我們的孩子不需要補上這一課嗎？

未來的社會，需要我們的孩子學會求助、學會合作。李開復博士談到人才時，把「團隊精神」列為人才最需要具備的四大素養之一（另三個是人品、智慧和熱情）。

隨著研究性學習方式的全面推展，以前那種「單打獨鬥」的方式已經很難勝任這種全新的學習形式，學會向他人求助對獨生子女來說是一件極為重要的事情。

一個人總會碰到自己解絕不了的問題的，主動的求助意識是生活內容的一部分，是一種不可或缺的生存能力。

獨生子女由於在家受到父母無微不至的照顧，大部分事情都由父母包辦代替，使他們覺得沒有求助的必要；平時父母為了孩子的安全，基本上都讓孩子待在家裡，少了與人交往與溝通的機會，也就少了許多了「求助」的機會。

家長煞費苦心的找老師補習，不遠萬里，不惜重金的，但為什麼就不花點時間讓孩子學會相互請教，相互學習呢？一味崇尚「上問」，而不提倡「互問」，實在是「小學而大遺也」。

同班同學讀的是同一種課本，聽的是同一堂課，又是受教於同一位教師，而且大家在學習中思考的也常是同一個問題。共同的話語更容易使大家心有靈犀一點通。

同學間的相互請教完全不會有什麼隔閡，彼此之間有著非常熟悉的共同語言，也面臨著同樣的困惑，避開成人的監聽，討論問題也更加暢快淋漓。有許多不登大雅之堂的小竅門，出自教師之口有違師道尊嚴，在學生之間卻流傳得十分暢通，雖不規範但很管用。有些教學理論常常過分嚴格，甚至束縛老師們的思維，使其不敢越雷池一步，非禮勿視，非禮勿說，否則就有誤人子弟之嫌。事實上，這樣的教學理論並非無懈可擊。有個孩子曾說，當初他學英語，許多單詞就是讀不出，苦惱了許久。後來同學教他用漢語注音、利用記諧音的方法，使他逐漸找到了學習英語的竅門。這在老師的規範教法中，是違規之舉。老師們普遍認為這樣的方法會讓學生的英語學習走向歧路，但這學生偏偏認為自己是絕處逢生，而事實證明，這樣的方法至少對這個學生奏效了。

更重要的是同學之間互相請教十分方便。遇到難題隨叫隨到，拉過來就可以問，遠比擠出時間千里迢迢的請教老師方便得多。同學之間如果有爭論，效果更好，唇槍舌劍互不相讓的話，這些知識極有可能成為學生永遠的記憶。

同學之間如果爭論不出結果，大家都對所討論的問題束手無策時，再去向老師求教，這時老師的提點就相當有效，因為他們是經過認真思考才提問的。但是這樣求教的情況，相對於同學們之間的互相請教來說，也只是偶爾為之。

為了讓獨生子女在學習時，學會向他人求助，家長可以從以下幾個方面做起：

第一，創造條件讓孩子學會求助。

平時向鄰居借個工具、外出問路、請親朋好友幫助等小事讓孩子去求助，讓他在受到別人幫助的喜悅中增強求助的勇氣和信心。

第二，鼓勵孩子勇於求助。

如果孩子春遊口渴向同學借錢買水喝；考試時筆不能寫了向同學借；學習有困難，請教老師或同學解決了……你都要加以表揚、鼓勵。

第三，給孩子創造幫助別人的條件，讓他們感受到幫助別人的喜悅。

只強調向他人求助，而忽視幫助他人，這無疑不利於獨生子女的健康成長。正所謂互幫互助，在他人有困難時伸出援助之手，才有資格贏得他人的幫助。所以，在生活中，父母一定要創造條件讓孩子學會幫助他人。

五、教孩子學會質疑和提問

現在的獨生子女，往往缺乏一種敢於質疑和提問的精神。而對於他們的父母來說，孩子不問問題已經是司空見慣、見怪不怪的事了。根據調查，八至十五歲的孩子，有百分之七十五覺得：「不知道該問什麼？」或者是「該會的我都會了。」對於這個現象，父母們雖然心裡覺得孩子不問問題是不太好，但又覺得只要把老師講的記住了，考試時能考個高分，不問問題也罷，反正又不會有什麼損失。

然而，事實真的是這樣的嗎？

問題一：孩子不問問題，只要把老師講的記住了，考試時就真能考個高分嗎？

其實只要你留意一下，就不難發現，學習好的學生，都是問問題多的學生！為什麼呢？原因很簡單：「主動接受」比「被動接受」的效果要好得多。因為前者順著問題又更進了一步，了解得多了，對問題本身的理解就會深入得多。雖然都同樣是「接受」，但前者因為問了問題，獲得了更多、更深入的知識，所以，無論是記憶的牢固程度，還是在對問題的理解程度上，後者總是不如前者。所以，從考試的分數上來看，不問問題的孩子的分數即使有時比較高，那也是偶然的、經不起時間的考驗。從整體來看，還是會問問題的孩子的分數高，不問問題的孩子即使把老師講的記住了，那也是暫時的，而且有可能是片面的。

比如，提起中國五千年的燦爛文明，人們往往就會想到了「四大發明」。一般人都是像盡義務一般，將其「刻」進腦子裡，不會再對此進行追問。但在一位歷史老師講到這裡時，一個孩子問道：「老師，你說火藥是中國人的祖先發明的，那我們打仗的武器應該是最先進的。可是，電視演八國聯軍侵略中國的時候，為什麼八國聯軍用的是先進的洋槍洋炮，而中國的義和團用的卻是大刀長矛？」這個問題很好，說明這個孩子很會觀察，而且善於思考問題、提出問題，所以，當老師把中國的火藥技術如何外流，清政府如何閉關鎖國、夜郎自大等一一講清楚後，這個孩子就不僅僅記住什麼是「四大發明」，而且增加了更多的歷史知識，而這是那些不問問題的孩子所無法獲得的。

問題二：孩子不問問題，行嗎？

假設一下，如果我們都不問問題，那麼社會如何往前發展呢？哪一項偉大的發明或發現，不是因為我們的先祖不斷的研究「為什麼」？如果沒有蔡倫問：「為什麼不能用廉價、輕便的東西代替絲綢或竹簡來寫字呢？」這個問題，我們今天能在書中憑藉著雪白的紙，一起來探討如何教育孩子的問題嗎？如果人類的智慧只是局限在當時的用絲綢或竹簡來寫字，知識就不能夠得到最大限度的傳播與交流，那麼還會有我們科技的無限發展嗎？

或許你又要說，他們都是科學家，當然要問為什麼了！我的孩子又不是！難道他們天生就是科學家嗎？當然不是！透過各種傳記我們不難發現，在這些大科學家、大學問家的身上，無不有著相同的一點，那就是：遇到自己不明白的，都要問個為什麼，直到把問題搞明白，就是這探詢的過程，往往促進了偉大的發現或偉大的發明。偉人和凡人的區別其實很簡單，那就是看你是否會問問題！

所以孩子不問問題，基本上就可以斷定：你的孩子與「偉人」無緣，不會在人類文明的大廈上加磚添瓦！

有可能你對別人的「天才教育」、「神童教育」無動於衷，因為你對孩子的要求並不高，只是想讓他做一個平凡的人，所以就無須去問為什麼了。其實，這種看法並沒有理解這其中的意思，我們不可能每個人都成為「偉人」，但我們同樣應該擁有優秀的特質，因為如果沒有這一個特質的話，連一個凡人都有可能做不好！

問題三：孩子不問問題，該怎麼辦呢？

對於孩子「不問問題」這個問題，有的家長把其原因歸納為「孩子性格內向」，其實這是片面的看法，人的性格固然有「內向」和「外向」之分，但無論是「內向」還是「外向」，他都有問個「為什麼」的「自然動力」，因為這是孩子的天性。所以孩子的起點都是一樣的，任何藉口都只是強詞奪理！

那麼，為什麼會出現「不問問題」的孩子和「問問題」的孩子呢？問題出在孩子的嬰幼兒時期。

在一項調查表明：在設定的孩子「拆裝鬧鐘」的具體情境中，高達百分之四十一的家長會對孩子加以訓斥、警告。對孩子的提問，百分之五十三的家長會不耐煩、不屑於回答或敷衍。那麼你呢？你是否對於孩子那些莫名其妙、無法回答、沒有答案的問題，表現出以上的情況呢？如果有，在一次又一次的「不耐煩、不屑於回答或敷衍」中，你的孩子還會再去問問題嗎？結果是很顯然的，所以，提高認知，防微杜漸，不要在孩子已經成型之後再去買「後悔藥」，而是應該善待孩子的好奇心以及提出的問題，盡自己的可能去回答孩子的提問，根據孩子不同的年齡和認識事物的不同程度，來告訴他不同的答案。千萬不要認為自己回答不出孩子的問題，就是對家長權威的挑戰，遇到這樣的情況，你所要做的，是放下家長的架子，和孩子一起去研究問題。比如：你的孩子問了一個和當年牛頓問的同樣的問題：「為什麼蘋果從樹上掉下來，會落到地面，而不是飛到天上去？」你會怎麼回答呢？是說：「你怎麼那麼多事，去一邊玩去！」還是說：「這個問題牛頓早就研究出來了，原因是地心引力的作用，這個規律叫『牛頓萬有引力定律』。」如果你是這麼回答，那你的孩子的好奇心還是不能完全滿足，因為他理解不了。

這時，你就應該想一想，怎麼解釋，孩子才會明白呢？這當然應該從實際出發，而不是套用別人的模式。比如，如果你的孩子比較小，還不知道什麼是「吸引力」的時候，你可以找一塊磁鐵，讓孩子看一看，把一個小鐵釘靠近磁鐵，小鐵釘往哪裡跑呢？地球就好比是磁鐵，而蘋果就好比是小鐵釘，小鐵釘若是跑到磁鐵上去，蘋果當然要跑到地上來了。

至於這是什麼原理，等到孩子明白什麼是磁鐵的「引力」時，再跟他解釋。

另外，千萬不要認為自己「忙」或「煩」，就忽視或粗暴的對待孩子的提問，將孩子的前途和命運視同兒戲，錯過培養孩子的大好機會，要知道，你的孩子有可能就是牛頓、愛迪生、蔡倫。

說到這裡，多數家長或許會說：「我已經錯過培養孩子的大好機會，到哪裡去買『後悔藥』呢？」後悔藥當然是沒有的，但也並不是說無藥可救了，只要努力，局面還是可以挽回的。

孩子之所以不問問題，一是因為好奇心沒有得到滿足，二是因為思維惰性。所以，如果要補救，先要讓孩子對「問問題」的重要性有足夠的認識，然後，鼓勵孩子大膽的去問、去想、去探究。在孩子試著這樣做之後，要及時的鼓勵，當然，也要切合實際，切莫走向極端。

事實上，能夠提出疑問是創新思維的泉源。對於一切總是不經思考就承襲，把自己的大腦作為裝知識的簍子，這樣的孩子是永遠無法真正的進行學習的。

六、幫助孩子找到學習的興趣

很多獨生子女因為家庭環境比較好，飯來張口衣來伸手，整天想的都是怎樣玩？玩什麼？就是對學習提不起興趣，父母讓他多學一會就不行了。

對於獨生子女的父母來說，怎樣才能讓孩子對待學習就像玩遊戲、看電視或者去動物園那樣興致盎然呢？方法很簡單，就是激發孩子的學習興趣，讓孩子帶著興趣去學習。

美國的斯特娜夫人親身指導女兒的成長，她的教育經驗在全球範圍內都有很大的影響。在激發孩子興趣這一點上，她就有很獨特的心得。

斯特娜夫人在培養女兒的過程中感到，在所有的學科中，再也沒有比數學更難以使孩子感興趣的了。儘管她曾透過遊戲方法很容易的教會了女兒數數，並用做買賣的遊戲很容易的教會了她錢的算法，然而，當她在教女兒九九乘法口訣時，卻碰到了麻煩：女兒有生以來第一次厭惡學習。

斯特娜夫人真是有些擔憂了。你想想，她女兒維妮弗里德五歲時，已能用八個國家的語言說話，還在報刊上刊登了許多詩歌和散文，在神話、歷史和文學方面已達到國中畢業生的水準，然而，卻連乘法口訣都不會。她是否在學業上有所偏向了呢？

這顯然不符合斯特娜夫人培養孩子的理想，因為她的理想是使女兒均衡發展，在成才的同時真正的感到幸福，單是片面的發展就不能成為真正幸福的人。為此，她為女兒對數學不感興趣而苦惱。儘管如此，她還是沒有強制女兒死記硬背乘法口訣，這是由於她堅信強制是行不通的，並容易扭曲孩子的性格。

斯特娜夫人的苦惱被與洪布魯克教授的一次會面而解開了。為了宣傳世界語的優越性，她曾帶女兒到紐約去演講，在那裡她遇到了芝加哥的數學教授洪爾魯克女士，她的數學教學技巧相當高明。

在聽了斯特娜夫人的擔心後，她一語道破了問題之所在：「儘管妳女兒缺乏對數學的興趣，但絕不是片面發展，這是妳的教法不對。因為妳不能有趣味的教數學，所以她也就沒有興趣去學它了。妳自己喜好語言學、音樂、文學和歷史，所以能有趣的教這些知識，女兒也能學得好。可是數學，由於妳自己不喜歡它，因而就不能很有興趣的教，女兒也就厭惡它。」接著，這位傑出的女士十分熱情的教給她一套教數學的方法。她用這些方法教女兒數學後，效果果然很好。

這位女士的建議首先是讓孩子對數數產生興趣，例如把豆子和鈕扣等裝入紙盒裡，母女二人各抓出一把，數數看誰抓的多，或者是在吃葡萄等水果時，數數它們的種子；或者是在剝豌豆時，一邊剝一邊數不同形狀的豆莢中各有幾粒。

母女倆還經常做擲骰子的遊戲，最初是用兩個骰子玩。玩法是把兩個骰子一起拋出，如果出現三和四，就把三和四加起來得七分。如果出現二和四、三和三，就得六分，這時就有再玩一次的權利。把這些分數分別記在紙上，玩三次或五次之後計算一下，決定勝負。

女兒非常喜歡這類遊戲。在女兒投入到這種數學遊戲的樂趣之後，斯特娜夫人仍按洪爾魯克女士的建議，每次玩遊戲不超過一刻鐘。理由是所有數學遊戲都很費腦力，一次超過一刻鐘後就會感到疲勞。在這些遊戲玩了兩三週以後，她們又把骰子改為三個、四個，最後達到了六個。

接著，她們把豆子和鈕扣分成兩個一組的兩組或三組、三個一組的三組或四組，把它們排列起來，數數各是多少，並把結果寫在紙上，然後把這些做成乘法口訣表掛在牆上。這樣一來，維妮弗里德就懂得了二二得四、三三得九的道理。更複雜的遊戲可以依此類推的繼續做下去。

為了使女兒將數學知識運用於現實，做媽媽的還經常與她做模仿商店買賣情境的遊戲。所賣的物品有用長短計算的，也有用數量計算的，還有用重量計算的。價格是按著實際的價格，錢也是真正的貨幣。媽媽常常到女兒開辦的「商店」買各種物品，用貨幣支付，女兒也按價格表進行運算，並找給媽媽零錢。

當維妮弗里德學習努力、工作積極或幫助家裡工作時，媽媽就付給她錢。她還不斷的從雜誌社和報社賺取稿費。她把這些錢用自己的名字存入銀行裡，並計算利息。

不久，維妮弗里德就對數學產生了濃厚的興趣。一旦有了興趣，她從算術開始一直到順利的學會了代數和幾何。

由此，我們不難發現，激發孩子的學習興趣對孩子是多麼的重要。沒有興趣，孩子在學習上就不可能有好成績，學習就會變成沒有盡頭與出路的牢獄，孩子就會成為牢獄中的囚犯，終日飽受折磨。所以，如果愛孩子，作為父母，你就應該想方設法的激發孩子的學習興趣。

以下幾點建議可以作為如何激發孩子學習興趣的參考：

第一，與孩子分享學習的樂趣。

要想激發孩子對學習的興趣，父母要先有興趣，然後再帶領孩子一起尋找學習的快樂。

第二，和孩子一起克服學習困難。

當孩子在學習中遇到困難時，父母不應該指責孩子。而是應該耐心引導，最好是先表揚孩子所付出的努力，再引導孩子尋找問題的關鍵所在。

第三，幫助孩子尋找學習的快樂。

每一科目都不可能是完全枯燥的，父母要學會給孩子布置任務，並幫助孩子從各個科目中找到快樂。

第四，別人的興趣是怎麼來的。

為什麼同樣一個科目，別的孩子就有那麼大的興趣呢？這是父母應該鼓勵孩子去探詢、去請教的一個問題，在別人的幫助下，解決一道難題並不會有很大的收穫，可是，如果能從從別人那裡找到學習樂趣，那將受益一生。

七、教孩子學會獨立思考

在學習上，很多獨生子女有一個明顯的缺點，就是缺乏獨立思考的精神，這嚴重的影響了孩子的學習成績。獨立思考是每個孩子所必須具有的能力，孩子可能在平時靠父母，讓老師、同學去幫自己思考，那麼在考試時，又該如何是好呢？所以，為了提高孩子的學習成績，父母一定要在平時就好好培養孩子獨立思考的習慣。

美國小學教師達琳在進行教學交流時，因為看到孩子們的畫技十分高，有一次就出了一個「快樂的節日」的題目，讓亞洲孩子去畫。結果，她發現很多孩子都在畫同一樣的東西

——聖誕樹！

她覺得十分奇怪：「怎麼大家都在畫聖誕樹？」剛開始她想，可能是孩子很友好，想到她是美國人，就把「快樂的節日」畫成聖誕節。接著她又發現不對：「怎麼大家畫的聖誕樹都是一模一樣的呢？」

結果她發現孩子們的視線都朝著一個方向看，她順著孩子們的視線看去，發現牆上畫著一棵聖誕樹。

於是，達琳把牆上的聖誕樹覆蓋起來，要求孩子們自己創作一幅畫來表現「快樂的節日」這個主題。

令她更感到吃驚的是，把牆上的聖誕樹覆蓋起來以後，那群畫技超群的孩子們竟然抓耳撓腮，咬筆頭的咬筆頭，瞪眼睛的瞪眼睛，你望我，我望你，就是無從下筆。

達琳不得不又把牆上那幅聖誕樹揭開……

是的，達琳面對的這群小「繪畫天才」，只能夠模仿，不知道怎樣創造，不會獨立思考：「『快樂的節日』應該是一幅什麼樣的畫面？應該放上什麼景物、什麼人？如何安排畫面的布局？」

這個例子雖小，卻十分有普遍性，指出了國內學生普遍存在的痼疾：「不會獨立思考。」他們面對考試，總是盡可能多的做考古題，記住各種題型的解法和標準答案，而不是在用自己的腦子分析、思考。

獨立思考的能力需要培養，它的成長需要土壤、水分和陽光。

在美國，小孩上繪畫課，常常是老師給一個題目，讓孩子們自己畫，想怎麼畫就怎麼畫，愛怎麼畫就怎麼畫，老師一點不管。畫完了老師就說——好耶！好棒哇！

俗話說：「沒有規矩不成方圓」，這些沒有規矩的孩子到了大學又會是什麼情形呢？

美國大學的超大型積體電路設計課程上到深處時，學生就可以做出真實的特定應用積體電路晶片，然後拿著自己的設計去矽谷或者別的地方面試，可以說：「這是我做的東西。」

念到碩士博士，考核內容就更加「離譜」了。美國教授一般會讓自己的學生多參加研究工作，而不是做重複性專案。美國的博士生一般有一個資格考試，在碩士學程將近結束時進行。考試時提出一個新興課題，擺出方案，由五人評議小組審核課題的新穎程度、意義和方案可行性等。透過資格考試，你才可以在這個課題上開始你的論文研究。如果評議期間有人就同一課題發表了階段性研究成果，你就必須修改課題甚至從頭再來。

洛杉磯加利福尼亞大學和加州理工學院的化學系博士資格考試有這麼一項：幾個教授

從某篇新發表的文章中提取課題，讓博士生在兩三天內提出解決方案，以此測驗學生對研究前沿的敏銳程度。這種考試有時一個通過者也沒有。

看出來了吧，博士生就應該挑戰學術最尖端的課題，讀博士是為了踩在巨人的肩膀上，站得更高——這就是獨立思考！

國內的獨生子女往往很少有獨立思考的機會，所以家長更應該千方百計為孩子創造獨立思考的條件，培養孩子獨立思考的能力。畢竟，在重要考試時，孩子是要自己獨立面對的。

第八章　單親家庭的獨生子女教育問題

一、離婚對孩子的影響

離婚除了對夫妻雙方造成了極大的情感傷痛和損失外，最大的受害者還是孩子。所謂的「單親家庭」中的「單親」就是相對於孩子而界定的。

父母之間的感情好壞與否，對孩子的成長有著極大的影響。有一位女留學歸國生這樣痛心疾首的說：要不是當初選擇離婚，並為了撫平傷口而選擇出國留學，而把孩子丟在父母家裡，孩子也不至於到了三歲還不會說話——她的孩子由於長期沒有能夠跟自己的父母接觸，被專家確診患了自閉症。

透過對離婚家庭孩子成長狀況的調查發現，離婚給孩子造成的負面效應會持續很長時間。與完整家庭的孩子相比較，單親家庭中的孩子普遍對自己與父母的關係持懷疑態度，與父母更為疏遠，缺乏愛與交流。而且，離婚在感情上對年長的孩子比對年幼的孩子造成的不穩定感要更強烈一些，因為年幼的孩子對家庭破裂前的記憶要少一些，而且並不感到自己對家庭破裂負有什麼責任。年長的孩子更可能把被拋棄的恐懼帶入到自己的人際關係中去。

父母離婚的時候，孩子往往會經歷一系列的感情變化。諸如恐懼、被拋棄、被拒絕、悲傷、擔憂、孤獨、衝突、矛盾、憤怒等等負面情緒都會在孩子的身上產生。此外，離婚對孩子所造成的長期心理後果很可能在她的早期反應中無法看到，有些心理效應可能一直潛伏在孩子的內心深處，直到他長大成人後才表現出來，這樣所造成的傷害往往是毀滅性的。

來看這一則實例：

有一個女孩子，在她十二歲的時候經歷了父母分居、離婚的打擊，以後就一直和奶奶生活。母親從來不來看她，父親也只是提供生活費，一個月也見不到一兩次，極度缺乏家庭溫暖。

這個孩子現在在上高三，將要經歷指考，可是在很長一段時間裡她都為一個噩夢所纏繞。從十三歲到現在將近十七歲，她幾乎每週都會做一個夢，每次醒來都是一身冷汗。她總是夢見自己回到少年時住的住宅區，很暗很窄的小巷只能夠通過一個人，房間外有一潭水，開始時是很漂亮的景色，突然間天昏地暗，水面上慢慢泛出鮮血，很快整潭水都變成血色了，接著，水中心浮現出很多骷髏。孩子開始拚命奔逃……

這副景象是從父母離異後不久後開始出現在她的夢裡的，並且一直都沒有消失過、家庭的不幸，顯然是這個夢境最深層的根源。幼年的時候。她可能像所有孩子一樣有過幸福的、燦爛的童年，所以才會有「漂亮的景色」，但是這些很快就被破壞了，美麗的潭水漸漸就泛出鮮血，父母婚姻破裂所造成的後果使孩子恐懼的奔逃，但是，她終究無力逃開心靈的傷痛。

這個女孩在父母離異中感受到的情緒傷害——恐懼和創痛，經過近四年潛意識的釋放依然無法排遣，反而更加強烈，這就充分證明了離婚對孩子會造成何等嚴重的傷害。

有一點我們必須指出，受傳統婚姻文化的影響，亞洲夫妻在婚姻破裂之後，往往不會像西方人一樣的豁達和寬容，西方的夫婦在離婚後很多是對孩子實行聯合監護，對孩子共同承擔責任和義務，在孩子需要的時候，在節假日他們可以依然像一家人那樣共度時光，夫婦可以依然像朋友一樣的交往；他們也可以讓孩子在兩個家庭輪流住，讓孩子感受到雙方的愛，而且，還可能在父母的新家庭裡認識別的兄弟姐妹。

而東方離婚的夫婦能這樣做的卻少的可憐，雖然很多夫妻還不至於反目成仇，但是依然成為朋友卻是難上加難，大多選擇的是老死不相往來，即使無意中碰面，也多是互相迴避，或者尷尬的微笑，打一個不想打的招呼。

在這種前提下，由父母離婚所造成的傷害對孩子來說更為殘酷。

二、離異父母對子女需要特別關注

近年來的婚姻觀念發生了翻天覆地的變化，因此，離婚率持續升高，根據報導，近二十年來離婚率增加了二十倍。儘管和已開發國家相比仍屬較低，但可以預見，在未來離婚和分居的現象會更加普遍。

由此，單親家庭也呈現出逐年增多的趨勢。因為家庭結構對獨生子女的心理和人格發展有重要的影響，因此單親家庭獨生子女的情緒和個性發展需要特別關注。

由於離婚或者別的原因而成為單身的父母，在處理好自己情感問題的同時，更要注意處理孩子的情緒，防止孩子心理創傷的產生，幫助孩子渡過難關，否則孩子的成長將會受到影響。

父母離婚、分居，或者父母中的一人不幸去世，孩子的成長自然會受到很大的影響，如果得不到及時的心理疏導，他們所受到的傷害可能比成人還深。

一個小學生在日記中寫道：「家庭的破裂使我非常痛苦，我的自尊心很強，不願意別人說我的閒話，因此我從來不在任何人面前表露我的痛苦。可是，在背地裡，我流了多少悲傷的眼淚啊……」已有子女的父母的離異，會給孩子的心理造成巨大的創傷。

正在鬧離婚的父母，往往情緒比較激動，想法也很容易偏激，嚴重的甚至會有報復心理，而喪偶者也會被痛苦和悲傷所籠罩，這些負面情緒可能導致情緒失控，行為失常，粗暴的對待孩子，給孩子造成傷害。比如，有一名十三歲的男孩回憶父母剛離婚的情形時說：「父母離婚後我和爸爸在一起，有一天我想媽媽了，哭鬧著要找媽媽，爸爸很生氣，就失手打了我。」

透過對離婚子女的心理調查分析發現，父母離異後，獨生子女遭受的心理創傷極為嚴重，主要表現在：

第一，孤獨感特別強。他們感到在家裡和在學校都缺乏同情，怕別人譏笑，又無從訴說自己的苦悶，因而喜歡獨自活動。

第二，有嚴重的自卑心理。由於父母離婚，一些孩子感到「丟臉」，總覺得比同伴「矮一截」，因而，女孩常常為此失聲痛哭，男孩也經常為此而愁眉不展，有的甚至會破罐子破摔，因此走上邪路。當然，有些離婚子女的心理發展沒有受到那麼嚴重的損傷，這也與生身父母的教育有關。

那麼，已經離異或者將要離異的父母應該怎麼做，才能把對孩子的傷害降到最低點呢？下面這些經驗可以作為參考：

第一，離婚父母的在辦理手續前，要從關心下一代的角度出發，把自己的矛盾暫且放一下，冷靜的商量和安排好離婚後孩子的生活及教育問題。

第二，由法院判決負責撫養孩子的一方家長應更多的關心孩子，並爭取社會與學校的支持，加強親子關係，防止孩子自卑心理的產生。絕不能因為自身的痛苦而放棄對子女教育，相反，更應密切注視孩子的進步，以熱情態度支持他們為團體更多的貢獻力量。

第三，未被判決撫養孩子的一方，絕不能僅僅負擔經濟義務，而是需要繼續擔負教育責任。離婚父母把雙方矛盾轉嫁給孩子是可恥的行為。在教育上仍應嚴肅認真，只要雙方具有對下一代的高度責任感，並採取適當行動，子女的不良心理是能夠消除的。

那麼，父母分居或者離婚，要不要把詳細的真相告訴孩子？

答案是應該告訴孩子，孩子雖然年齡小，但是對父母感情不和的現實還是有一定的認知的，如果父母刻意隱瞞和欺騙他們，不僅起不到保護孩子的初衷，反而容易使孩子陷入猜忌和迴避的陰影中，增加不安全感，失去對父母的信任。

所以說，最好不要對孩子隱瞞事實，迴避問題，不要讓孩子誤以為是因為他不好，父母不喜歡他而要離婚，要告訴孩子，離婚是父母的問題，但父母任何一方都不會拋棄他，儘管以後他只能和父親或母親其中一個生活在一起，但不在一起的父親或母親也同樣愛他，會定期看他或帶他去玩。

已經離異的夫妻，不應該恩斷義絕，反目為仇，更不應該利用孩子來攻擊對方，不應該在孩子面前指責對方的缺點、過錯，說對方的壞話，即使所說的完全是事實。要知道，對方再不好，畢竟是孩子的父親或母親，這種關係是無法選擇和更改的，讓孩子知道他的父親或母親很壞，不是一個值得尊重的人，其實是對孩子的最大傷害，會使他們自卑、缺乏自信，感覺生活對自己不公平。

離異的夫妻可能由於某些原因對對方懷有怨恨，如果有這種情況，一定要注意調整，不要把這種怨恨傳遞給孩子。因為怨恨自己的父母會給孩子帶來不利影響，如果一個男孩子怨恨母親或女孩子怨恨父親，長大後就很難建立起良好的異性關係。

三、單親家庭如何與孩子溝通

在單親家庭中，父（母）的生活壓力往往比較重，因此很容易忽視對子女的照顧和教育。此外，有的父母在離異後，為了追求自己的感情生活或者是因為別的原因，重新組織了家庭，在這種情況下，也很容易忽視與孩子的溝通，更嚴重的後果是孩子與新的家庭格格不入，從而讓孩子處於孤獨之中，心理壓力越來越大，對孩子的心理健康造成很大的負面影響。

一般來說，單親家庭的獨生子女，在成長過程中往往要承受加倍的艱辛和痛苦，這時，單親家庭的父母如果不能耐心的教導孩子，不和孩子進行有效的溝通，就可能對他們一生都會造成嚴重的不良影響。

那麼，單親家庭的父母應該如何與孩子進行溝通呢？

第一，單親父母要把握與孩子溝通的原則。

單親父母首先要學會理解孩子。因為獨生子女的承受力很弱，很有可能無力承受失去一個親人的打擊，這時單親父親或者母親就要多花些時間和精力寬慰孩子。其次，千萬不要把對離異一方的怨恨轉移到孩子身上，孩子是無辜的，在孩子身上發洩不滿的父母是最令人不齒的父母。最後，也是最重要的一點，就是父母要培養孩子的自強、自立、自信的優秀品格，讓孩子從不完整的家庭裡站起來，成為一個完整的人。

第二，單親父母要明白與孩子溝通的宗旨。

離婚了，孩子失去了與親生母親或者父親在一起幸福生活的機會，他肯定會有一種不安全感。這時做父母的，最重要的是盡量不讓孩子成為婚姻的受害者。

一、絕不要在孩子面前詆毀、攻擊對方。在孩子的認知中，自己是父親與母親的結合的產物，詆毀、攻擊對方只會讓孩子的心靈受到傷害。

二、不要把孩子當作傳遞訊息的管道，讓孩子遠離父母婚姻的戰場，才不至於將父母婚姻的壓力轉嫁到孩子身上。

三、要讓孩子知道父母婚姻的破裂是大人之間的問題，他仍然是父母的最愛。

四、除非另一半有嚴重且明顯的性格缺陷或者精神缺陷，否則一定不要阻止孩子和另一半繼續來往，盡各種可能協凋孩子和另一半的交流。

五、在離婚過程中，要不斷的提醒自己，盡可能不要傷害孩子的權益。

六、不要讓孩子成為你們的情緒照顧者，孩子沒有這個責任也沒有這麼大的能力。

七、離婚後盡量不要做太多的生活變動。比如：住在原來的社區，不要立即轉學。讓穩定的生活伴隨孩子度過父母離異所帶來的創傷。

第三，單親父母與孩子溝通的前提。

無疑，在單親家庭中，獨生子女教育要比正常家庭教育困難，也比較複雜。作為家長，首先在幾件事情上要冷靜處理：

一、愛孩子要有度，單親子女失去了父愛或者母愛是一件非常痛苦的事情。於是有些和孩子一起生活的單親父親或母親，總是滿懷愧疚心理，用最大的努力在物質生活上去補償孩子，一味的滿足孩子物質上的要求。這種在某種意義上失去理智的愛，使得孩子認為這是應該的，他們理所當然的接受，甚至在達到他們的某些要求後還會不滿。

愛孩子要有度，父母要把家裡的實際情況告訴孩子，讓孩子作為家庭的一個成員，知道自己所負擔的家庭責任。適當的時候要讓孩子和家長共同度過難關，要讓孩子自己的事情自己做，養成一種自強不息的好特質。

二、要給孩子一些自由。離異的家庭，承擔撫養教育孩子的父親或者母親應當明白這樣一點：孩子既需要母愛，也需要父愛，二者缺一不可。孩子到父親或者母親那裡去是非常正常的需要，無論誰也不應當剝奪孩子的這一份自由。理智的做法是給孩子這份自由，讓他們得到完整的愛，這樣做有利於形成孩子健全的人格。

第四，單親家庭的性別教育

在單親家庭中，獨生子女最容易出問題，主要是性別角色教育造成的問題。隨著性教育工作的不斷深入，性別角色教育的內容也越來越具體，在這裡我們主要對單親母親如何對兒子進行性別角色教育的問題進行探討，因為這是最主要也是最常見的問題。

因為離異或者喪偶等原因，一些家庭是母親單獨與兒子在一起生活。在這樣的家庭中，兒子由於自幼缺乏父親的影響以及來自父親的教育，會致使兒子缺乏男子氣概，性格上帶有明顯的女性化傾向。這種性格傾向，一般表現為敏感、多疑、膽小、自卑、依賴性強等等，直接影響到孩子的人格塑造及性心理的健康發展。並且，因為沒有父親的配合，單親母親在對兒子進行性教育的問題上，更顯得十分困難。

而在正常的父母雙全的家庭中，兒子從小就有自己的性別角色認同對象，即男性家長，並在與異性家長的關係中打下未來人際關係的基礎，在潛移默化中逐漸形成恰當的性別角色。比如：怎樣承擔家庭的責任、怎樣與同性和異性相處、怎樣解決社會需要與家庭需要之間的衝突等等。而在早年生活中缺乏父親形象的兒子，假如母親沒有相應的關注，就會使孩子在性別角色確認這一環節出現困難和混淆，表現出男性女性化的傾向，在性格上會表現出敏感、多疑、自卑、膽小、心胸狹窄、依賴性強等，這會給他的人格塑造及未來的社會生活和家庭生活帶來不良影響。

為了讓孩子的性心理得到健康發展，單親母親對男孩要在教育中注重以下幾點。

第一，單身母親要丟掉補償心理。

一般來說，大多數單親母親們普遍都有補償心理，為了補償孩子缺失的父母，更加倍的溺愛孩子。這是很不好的，因為，對孩子過分的支配和保護，一味要求孩子順從自己的想法，對孩子健康人格的形成和發展很不利，順從，其實僅僅只是依賴、怯懦的另一種說法。

所以，單親母親如果要讓孩子形成果斷、勇敢、自信的頂天立地的男子漢性格，就要有意的，對兒子採取內細外粗的方式進行教育，使教育的過程及內容更加符合男性的性格特徵，以免培養出一個滿身脂粉氣的「賈寶玉」。

第二，要讓兒子多與男性長輩相處，為孩子創造一個有利於培養男性角色性格的交際環境。

在單親母親家庭中，兒子因為缺少父親，和母親相處的時間就增加了。若兒子在學校裡，接觸的又幾乎都是女老師，這樣，就會使他在今後的人際交往上，產生很大的障礙。所以，單親母親應該經常安排孩子與爺爺、舅舅或自己的男性同事、朋友相處，以彌補因為父愛缺失而造成在同性交流上的障礙。而且，在這個過程中，因為受到其他男性的形象影響，兒子會有意識的模仿他們身上的那種男子漢氣概。這些，都是母親所不能給予的。

第三，要給孩子適度的母愛。

單身母親往往將兒子視為自己生活的唯一寄託，把全部的愛和感情都傾注到孩子身上。例如，有的母親將餵奶的時間不恰當的延長；答應兒子一直與自己同床而眠；對兒子過多的關心和愛撫等等，結果孩子產生戀母情結，習慣於依靠母親，而不願意獨立，更有甚者會產生變態心理和行為。

第四，母親要有自己的生活安排和獨立支配的時間。

孩子一生下來本能的具有占有慾，他們吮吸母親的營養，占有母親的懷抱和目光，成為母親生活的中心。隨著孩子的長大，母親應該慢慢的將注意力離開孩子，但是，許多單親母親將全部時間都給了孩子，沒有自己的私生活，這其實對兒子性心理的發展是無益的。母親應該定期給自己安排時間，用來處理私人事情，包括與異性的交往，使孩子明白，母親是愛他的，但他不能占有母親所有的感情空間。否則孩子會變得放蕩不羈，不服管教，或向母親濫施命令，自私的反對母親再婚等等。母親給自己時間的同時，也就給了孩子成熟的機會。

第五，讓孩子接受健全的婚姻觀和性態度。

有些單身母親在以往的婚姻生活或性經歷中受到的創傷使她們對婚姻、異性都持有一定的偏見，並且將這種偏見灌輸給孩子。例如，告訴孩子是爸爸不要他們了，男人都很壞，自己是何等的不幸等等，使孩子對人產生敵意、不信任感，同時也有不安全和被拋棄感。還有的母親喜歡一遍又一遍的對孩子說：我這麼辛苦都是為了你，假如沒有你，我的日子就好過多了。她們以為這樣說，孩子就不會忘記母親的養育之恩，實際上卻造成了孩子憂鬱、多愁善感、自卑、自責的心理，給未來的生活投下了沉重的陰影。

第六，單身母親再婚有利於兒子的性教育。

在很多情況下，單身母親是為了孩子不受苦才選擇了不再婚，這對孩子的性心理發育是不利的。由於家庭中缺乏男性形象，使得性教育中許多細節的具體實施受到限制，即使有其他男性親屬的幫助，也很難彌補父愛對於孩子的影響。

再婚對於單身母親本人的情感和生理需要也是有益的，假如母親的情感和慾求受到壓抑，也會影響孩子的情緒和個性發展。當然，母親是否再婚是其個人的選擇，但是，假如是為了孩子的成長考慮，則需要改變傳統的觀念。

五、不要給自己和孩子貼標籤

父母離異，對孩子的不利影響是無容置疑的。但是當婚姻關係實在無法維持時，不離婚孩子仍然會受到傷害。有些夫妻，離婚前大打出手，但離異後，卻能常常心平氣和的一起討論孩子的問題。有些家庭的父母離異，反倒給孩子創造了一個安寧的環境。所以，父母離異對孩子來說不見得就一定是件壞事。

事實上，也有一些父母在離異後，其孩子仍然能夠健康成長，而且他們比其他孩子更自立，更懂事，更能吃苦，更體貼父母，學習成績也很好，性格看上去也開朗大方。這是因為他們的父母雖然離異了，但對孩子的愛沒有改變，並且離異的父母雙方能夠理性相處，允許對方關心孩子。所以，父母離異是否會傷害孩子，還要看是怎樣的父母，以及離異過程中及此後怎樣和孩子相處、交流，是給孩子積極的心理暗示還是消極的心理暗示。

給孩子貼標籤就屬於消極心理暗示的一種，由於受到傳統文化和外界環境的影響，單親家庭特別是離異的父母和孩子可能對家庭和自我產生一些消極的認知，為自己貼上某些悲觀的標籤。

父（母）常給自己貼的標籤有：

「我的命不好，不能給孩子幸福的家。」

「一切都怨我。」

「我太無能和窩囊了。」

「一切都是他（她）的錯。」

「別人都在笑話我或可憐我。」

「男人（女人）都不是好東西。」

「孩子真可憐，我對不起孩子。」

「孩子是我的一切，沒有孩子我活著就沒意義了。」

「孩子是累贅，沒有他（她）我可以活得更好。」

單親家庭的孩子容易給自己貼的標籤：

「我比別人差，我沒有爸爸（媽媽）。」

「爸爸媽媽離婚是因為我不乖，他們不想要我了。」

「爸爸媽媽離婚了，我沒有臉見人。」

「我很可憐，命運對我不公平。」

「爸爸媽媽分開了，我做得再好也沒有用。」

「爸爸（媽媽）都不要我，沒有人會喜歡我、愛我。」

「別人看不起我，欺負我，因為我沒有爸爸（媽媽）。」

在單親家庭內，父母消極的想法對孩子的心理和行為的發展以及成長都有著極大的負面作用。這些消極的想法和標籤對孩子的心理和行為的發展以及社會適應都有著極大的負面作用，因此單親家庭的父母首先要注意調整自己的心態，防止自己的消極心理傳染給孩子；另外，要注意觀察和了解孩子的想法，及時幫助他們解除心理困惑。

六、再婚家庭的獨生子女教育

再婚在現代社會是一個正常也較為常見的現象。對於再婚家庭來說，夫妻雙方之間的感情往往不會出什麼大問題，而讓他們頭痛的，往往是子女的教育問題。

獨生子女在原來的家庭環境中成長，受到父母的寵愛，當父母因為種種原因而選擇離婚時，孩子的心靈已經受到了一次非常嚴重的打擊。對於一個受過傷害的孩子來說，再要他們接受一個新爸爸或新媽媽，接受一個全新的環境和一個完全不一樣的生活，自然是一件非常困難的事情。

獨生子女的心靈往往是敏感而脆弱的，需要父母小心的保護。選擇重新建立家庭，或者已經重新建立家庭後，家長就應該先對孩子進行心理教育，這是極為重要的。因為，只有透過心理教育，讓孩子完全認可家長重建家庭的決定，並做好接受這個新家庭的心理準備，才能讓孩子在以後能和「新爸爸」或「新媽媽」和睦共處，盡快融入新的家庭。

再婚父母要有一個清醒的認識，就是一定是要讓孩子明白，建立一個新家庭是必然的，因為單親家庭終究是有缺憾的。

要做到這一點，單親或再婚父母可以經常帶孩子到一些朋友家裡去，讓孩子體驗一下完整、幸福的家庭裡那種的溫馨的氣氛。當孩子玩得流連忘返時，便可以趁機問他想不想也有一個完整幸福的家。如果孩子說想，那麼便要乘勝追擊，告訴孩子你可以幫他實現這個願望，但是歲月是不可以回頭的，爸爸媽媽既然已經離婚了，就不可能重新生活在一起。所以，過去的生活是不能恢復的，只能夠重新開始一種生活。而這種新生活，就從建立一個新家庭開始。只要重新建立一個家庭，並且大家和睦相處，就一定能得到幸福的生活。

父母如果能做到這一步，孩子一般是不會拒絕爸爸或媽媽的建議。他們甚至會開始憧憬新的生活，儘管他自己也不能確定，究竟能不能接受那個即將成為自己新爸爸或新媽媽的陌生人，但是他一定已經在暗中做心理準備了。

此外，還應該讓孩子明白，「新爸爸」或「新媽媽」並不是來和自己搶爸爸或媽媽的，相反的，他或她會給自己帶來溫暖的父愛或母愛。

當然，要做到這一點，相對來說比較困難。因為，孩子的心總是向著親生父母的，尤其是獨生子女，父母離婚後，對身邊一起生活的父親或母親的依賴更多了，所以當一個陌生人要來取代親生父親或母親的位置時，便會產生一種排斥的心理，要消除孩子的排斥心理，並真正接受「新爸爸」或「新媽媽」，並不是一件容易的事。

家長可以在再婚前，先隱瞞自己和對方的感情，讓對方以叔叔或阿姨的身分與孩子相處，甚至可以找機會把孩子送到對方家中，讓他們共同生活一段時間。只要對方能與孩子打成一片，那麼，他或她的關懷備至和親切共處，就會給孩子留下一個好的印象。

需要注意的是，對「新爸爸」或「新媽媽」的排斥程度，每個年齡階段的孩子都有所不同。學齡前的幼兒更容易接受「新爸爸」或「新媽媽」，而八歲以上的孩子，因為其本身具有分辨能力，心裡清楚親生父母與繼父繼母的不同，再加上社會上常有一些對繼父繼母不好的評價，就不會那麼容易接受。在這種情況下，家長更需要多一點耐心，千萬不可操之過急，要讓孩子感受到新家庭的溫暖，以及「新爸爸」或「新媽媽」的關愛體貼，才能逐漸攻破他的心理防線，俘獲他的心。

每個孩子都渴望父愛和母愛，渴望有個完整的家，只不過，因為特殊的家庭原因，使他們的心理築起了一道防線，對新爸爸或新媽媽產生抵制心理。所以，只要對孩子進行有效的心理教育，攻破他的心理防線，孩子便能坦然接受。

七、讓孩子學會尊重繼父或繼母

在再婚家庭中，如何讓獨生子女接受繼父或繼母，如何讓他們學會尊重繼父或繼母，這是所有再婚父母都最為擔心的問題。

事實上，只要用對方法，這些問題是可以得到很好的解決的。

美國作家貝絲・莫莉曾寫過一篇題為《父親節》的文章：

每當母親節或父親節的時候，都會使我想到我們國家還缺少一個節日——繼父節。

如果任何一個人都應該有自己的節日，那麼繼父節應該是那些用他們的愛心和謹慎，在一個重建的家庭裡建立起自己位置的勇敢心靈的節日。這就是我們家裡為什麼會有一個我們稱之為「鮑伯的節日」的原因。這是我們自己的繼父節，是根據繼父鮑伯的名字命名的。

下面是我們家繼父節的由來。

那時鮑伯剛進入我們的家庭。

「你知道，如果你做了傷害我母親的事情，我會讓你住到醫院。」正在上大學的男孩說，他比他繼父要魁梧得多。

「我會記住的。」鮑伯說。

「你不要告訴我我該怎麼做。」正在上國中的男孩說，「你不是我父親。」

「我會記住的。」鮑伯說。

正在上大學的男孩打電話回家，他的汽車在離家五公里的地方拋錨了。

「我馬上到。」鮑伯說。

老師打電話到家裡。正在上國中的男孩在學校打架了。

「我立刻就去。」鮑伯說。

「噢！我需要一條領帶與這件襯衫相配。」正在上大學的男孩說。

「從我衣櫃裡挑一條吧。」鮑伯說。

「你必須穿個耳洞。」正在上國中的男孩說。

「我會考慮的。」鮑伯說。

「你認為我昨天晚上的約會怎麼樣？」正在上大學的男孩問。

「我的意見對你有什麼影響嗎？」鮑伯問。

「是的。」男孩說。

「我必須跟你談談。」正在上國中的男孩說。

「我必須跟你談談。」鮑伯說。

「我們應該有一段繼父和繼子之間的共同經歷。」正在上大學的男孩說。

「做什麼呢？」鮑伯問。

「幫我的汽車換油。」男孩說。

「我知道了。」鮑伯說。

「我們應該有一段繼父和繼子之間的共同經歷。」正在上國中的男孩說。

「做什麼?」鮑伯問。

「開車送我去看電影。」男孩說。

「我知道了。」鮑伯說。

「如果你喝了酒，不要開車，打電話給我。」鮑伯說。

「謝謝。」正在上大學的男孩說。

「如果你喝了酒，不要開車，打電話給我。」正在上大學的男孩說。

「謝謝。」鮑伯說。

「我必須在什麼時間回家?」正在上國中的男孩問。

「十一點三十分。」鮑伯說。

「好的。」男孩說。

「不要做傷害他的事情。」正在上大學的男孩對我說，「我們需要他。」

「我會記住的。」我說。

這就是我們家鮑伯節的由來。

男孩子們為他們的繼父買了一件他們能夠一起玩的新玩具。鮑伯能夠贏得孩子們的尊重對我們全家人來說都是一件值得慶幸的事，他似乎一直都在我們背後支持著我們。

看完這篇文章，讓人不得不心生感慨：繼父原來也可以這麼親！

一個孩子從出生到長大成人，凝聚著父母無數的心血。因此每一個孩子都應該孝敬自己的父母。但是，現代家庭中還存在著一些特殊的情況，因為離婚現象的存在，一些孩子往往生活在繼父、繼母家庭。對於這樣的家庭來說，孩子也應該學會尊重自己的繼父（母）。

具體的可以從以下幾點做起：

第一，要讓孩子承認繼父或繼母的存在，這是營造和諧家庭氛圍的前提。

第二，直接稱呼「爸爸」或「媽媽」不太合適的話，你的孩子可以在徵求繼父、繼母的同意後，用適當的暱稱來稱呼他（她）。

第三，在節日，繼父、繼母生日，或在他（她）取得成功時，你的孩子應該向其表示真心的祝賀。在過父親節或母親節時，更要向繼父、繼母表達同樣的祝福。

第四，告訴孩子，如果與繼父（母）產生矛盾或衝突，不要藏在心裡，要尋求溝通和諒解。

第五，在繼父（母）面前，你的孩子最好不要把現在的家庭和以前的家庭相比較。

第六，教育孩子，不要說繼父（母）的壞話。

八、學會尊重異父或異母的孩子

重組家庭，同父異母或者同母異父，這種現象在現代社會並不少見，對於獨生子女來說，生活在這種家庭裡，就非常需要做到禮貌待人、體諒他人和進行情感交流，尤其是對於異父異母的孩子，更要有足夠的尊重。

夏東海曾跟隨前妻到美國工作，離婚後帶著七歲的兒子夏雨回國發展，並與在國內長大的女兒夏雪團聚，之後又與某大醫院的護士長劉梅結婚，劉梅也曾離異，並育有一子叫劉星。在這個特殊家庭中，夏東海和劉梅的共同特點都是富有愛心，關心孩子的成長，期望「整合」兩人的愛心和智慧，培養出快樂生活的下一代。而生活在同一屋簷下的姐弟三人，儘管血緣各異，不是同父異母就是同母異父，年齡層也不盡相同，但他們之間卻能做到互相體諒和互相尊重，相處得猶如親生的兄弟姐妹一般，旁人如果不了解詳情，很難猜得到他們的真正關係。當然，由於這三個孩子生長環境的迥異，使他們有著迥然的個性和愛好，所以爭執在所難免，但可貴的是他們最終總能和好如初。

「己所不欲，勿施於人。」這是讓你的孩子與繼父或繼母的孩子友好相處的最好辦法。這樣孩子就會發現若自己尊重他人，同時也會受到他人的尊重。當所有的家庭成員都為實現家庭和睦而貢獻力量時，成員之間友好相處的目標就可以實現。

當然，實現這一目標並非易事，對於獨生子女來說，混合家庭是極難相處的。在這種時候，就非常需要做到禮貌待人、體諒他人和進行情感交流。讓你的孩子與繼父或繼母的孩子友好相處的最好辦法是遵守人際交往的黃金定律——即用他自己希望被他人對待的方式去對待他人。這樣他會發現自己尊重他人，同時也會受到他人的尊重。當所有的家庭成員都為實現家庭和睦而貢獻力量時，成員之間友好相處的目標就可以實現。當然，實現這一目標並非易事，但進行適當讓步和遵循禮尚往來會起到一定的幫助作用。

父母應該教育孩子做到：

第一，努力接受原來的家庭已經改變的事實。

第二，與繼父或繼母的孩子交流，告訴他們發生在自己生活中的事情，並關心他們的生活。

第三，表達對繼父或繼母的孩子的喜愛之情，願意聽他們說話。把家庭習慣告訴他們，以及自己能夠在使用臥室、浴室和看電視等方面做出什麼樣的讓步。

第四，牢記自己是一個有價值的人，是一個有特殊才能的人。

第五，與繼父或繼母的孩子們交流時要像所有兄弟姐妹之間的交流一樣有禮貌。在進入他人的臥室時先敲門，得到允許後再進去；借用物品需徵得他人的同意；用善意的語調說話。

千萬別讓你的孩子這樣做：

第一，自己窩在房間裡，鎖上門，把繼父或繼母的孩子拒之於門外。

第二，不把繼父母的孩子的朋友放在眼裡。

第三，假裝繼父或繼母的孩子並不存在。

電子書購買

國家圖書館出版品預行編目資料

我們只想生一個：1+1 等於 1, 也很好 / 孫桂菲，
趙建，鄒舟著 . -- 第一版 . -- 臺北市：崧燁文化
事業有限公司，2021.10
面；　公分
POD 版
ISBN 978-986-516-851-3(平裝)
1. 親職教育 2. 子女教育 3. 親子關係
528.2　　110015271

我們只想生一個：1+1 等於 1，也很好

臉書

作　　者：孫桂菲，趙建，鄒舟
發 行 人：黃振庭
出 版 者：崧燁文化事業有限公司
發 行 者：崧燁文化事業有限公司
E-mail：sonbookservice@gmail.com
粉 絲 頁：https://www.facebook.com/sonbookss/
網　　址：https://sonbook.net/
地　　址：台北市中正區重慶南路一段六十一號八樓 815 室
Rm. 815, 8F., No.61, Sec. 1, Chongqing S. Rd., Zhongzheng Dist., Taipei City 100, Taiwan (R.O.C)
電　　話：(02)2370-3310　　　傳　　真：(02) 2388-1990
印　　刷：京峯彩色印刷有限公司（京峰數位）

定　　價：360 元
發行日期：2021 年 10 月第一版
◎本書以 POD 印製